Una Revelación Divina de la Sanidad

Una Revelación Divina de la Sanidad

¡Usted también puede recibir su sanidad!

Mary K. Baxter
con *George Bloomer*

Whitaker House

A túmenos que se indique lo contrario, todas las citas bíblicas han sido tomadas de la *Santa Biblia, Versión Reina-Valera* © 1960 por la Sociedad Bíblica Internacional. Aquellas citas bíblicas señaladas (NVI) son tomadas de la *Santa Biblia, Nueva Versión Internacional* © 1999 por la Sociedad Bíblica Internacional. Usadas con permiso. Reservados todos los derechos. Aquellas citas bíblicas señaladas (LBLA) son tomadas de la *Santa Biblia, La Biblia de las Américas*®, LBLA®, © 1986, 1995, 1997, por The Lockman Foundation. Usadas con permiso. Derechos reservados. (www.LBLA.org)

Algunas definiciones de las palabras en hebreo y en griego son tomadas de la *Concordancia Strong Exhaustiva de la Biblia* o la *Nueva Concordancia Exhaustiva Estándar de las Américas* (NCSA) por The Lockman Foundation. Usadas con permiso.

Este libro no lleva la intención de proveer consejo médico o de tomar el lugar del consejo y tratamiento médico de su doctor de cabecera. Se les aconseja a los lectores que consulten a sus propios doctores u otros profesionales de la salud calificados con respecto al tratamiento de sus problemas médicos. Ni el publicador ni los autores o los ministerios de los autores se hacen responsables de cualquier posible consecuencia de alguna acción tomada por cualquier persona que lea o siga la información en este libro. Si los lectores toman medicinas prescritas, ellos deben consultar con sus médicos y no dejar de tomar el medicamento prescrito sin la debida supervisión de un doctor. Siempre consulte con su médico o cualquier otro profesional de la salud calificado antes de hacer cualquier cambio en su régimen físico, ya sea en ayuno, dieta, medicamentos o ejercicios.

Traducción al español por: Sara Raquel Ramos

Una Revelación Divina de la Sanidad

Publicado originalmente bajo el título: *A Divine Revelation of Healing*

Mary K. Baxter
Divine Revelation, Inc.
P.O. Box 121524
Melbourne, FL 32912-1524
www.mbaxterdivinerevelation.org
Correo electrónico: marybaxter@live.com

George G. Bloomer
Bethel Family Worship Center
515 Dowd St.
Durham, NC 27701
www.bethelfamily.org

ISBN: 978-1-60374-192-7
Impreso en los Estados Unidos de América

Whitaker House
1030 Hunt Valley Circle
New Kensington, PA 15068
www.whitakerhouse.com

Por favor, envíe sugerencias sobre este libro a: comentarios@whitakerhouse.com.

2 3 4 5 6 7 8 ꟺ 16 15 14 13 12

Contenido

INTRODUCCIÓN

Dios con frecuencia obra en mi vida por medio de visiones y revelaciones y ese es ciertamente el caso en cuanto a la sanidad para su pueblo. En muchos servicios, mientras predico, el Señor me muestra en visiones a alguien a quien Él va a sanar y la naturaleza de la enfermedad de esa persona. Yo inmediatamente entro en intercesión privada porque sé que el Señor lo va a hacer.

En *Una Revelación Divina de la Sanidad,* comparto verdaderos relatos de aquellos que han sido sanados por medio de la intervención divina para levantar sus espíritus y animarle a usted a medida que busca sanidad para su propia enfermedad personal. Muchas veces, sufrimos en silencio. En vez de buscar sanidad, nos convencemos a nosotros mismos de que nuestras enfermedades son la voluntad de Dios para nuestras vidas. Sin embargo, la voluntad de Dios es que usted sea *"prosperado en todas las cosas, y que tengas salud, así como prospera tu alma"* (3 Juan 1:2).

Las sanidades milagrosas se registran por toda la Biblia, sin embargo, mucha gente raramente piensa de la posibilidad siendo aplicada a las enfermedades actuales. A menudo, cuando hablamos de milagros, hablamos de ellos en tiempo pasado, como queriendo decir que ya Dios no los realiza. Esta es una falsedad que ha sido alimentada en nosotros porque hoy, la iglesia como un todo, no hace énfasis en los milagros tanto como una vez lo hizo.

Sin embargo, el Dios que hizo las grandes obras en tiempos pasados, es el mismo Dios que está listo, interesado y capaz de sanarlo a usted hoy. La sanidad fue parte del plan de Dios en el sacrificio de su Hijo Jesucristo, el beneficio del cual se aplica a todos nosotros que creemos y lo recibimos. "[Jesús] *quien llevó Él mismo nuestros pecados en su cuerpo sobre el madero, para que nosotros, estando muertos a los pecados, vivamos a la justicia; y por cuya herida fuisteis sanados"* (1 Pedro 2:24). Por cualquiera circunstancia que usted esté atravesando, esa puede volverse en una oportunidad para que Dios reciba la gloria. Cuando parezca que nadie a su rededor entiende lo que usted siente realmente o para interceder en su favor, mire al Sanador divino para que le sea hecho todo.

La sanidad es un magnífico regalo de Dios—uno que Él desea darnos y uno que Él desea que lo ministremos a otros. Él nos ha confiado este don a nosotros. Una vez que comprendemos su significado y la autoridad que tenemos en Cristo para administrar sus efectos, más comenzaremos a gozarlo tanto espiritual como emocional, mental y físicamente, y ministrar el mismo en su totalidad a otros.

La sanidad es parte de la voluntad, deseo y promesa de Dios para nuestras vidas. A pesar de los mitos que usted pueda haber oído en relación a la sanidad, nunca dude de que Dios quiera que usted esté en buena salud. Deje que *Una Revelación Divina de la Sanidad* lo dirija en la búsqueda, no solo para entender su condición particular, sino también la Fuente de su sanidad.

—Mary K. Baxter

Una oración pidiendo sanidad

Querido Dios:

Nos ponemos de acuerdo con la gente que está sosteniendo este libro hoy y buscando estar bien, pidiendo que ellos puedan recibir completa sanidad mientras leen las páginas siguientes. Venimos contra principados de maldad y poderes que quieren evitar el cumplimiento de sus destinos por medio de ti, querido Dios, y pedimos a favor de su integridad—espiritual, emocional, mental y física. Que su fe pueda aumentar y que sus acciones puedan reflejar su conocimiento y experiencia recientemente adquirido de ti como Sanador. Tomamos autoridad sobre cada distracción que quiera intentar obstaculizarles que reciban su sanidad, y oramos para que tú envíes tus ángeles para proteger sus vidas. Cúbrelos, Dios, mientras reciben sus milagros de ti. Déjales saber y creer que tú eres verdaderamente el Sanador de hoy, y que puedan experimentar tu unción mientras buscan tu rostro. Que no solo lean estas palabras sino que también tu Palabra penetre en sus corazones. Dios, dales la sanidad que buscan y que sus vidas nunca sean las mismas otra vez. Permite que todos los que miren a los lectores de este libro sean asombrados por la paz de Dios que ellos presentan y que las operaciones de milagros de poder tengan lugar en sus vidas. En el nombre de Jesús, amén.

—Mary K. Baxter y George G. Bloomer

Capítulo 1

DIOS SE REVELA A SÍ MISMO COMO SANADOR

Porque yo soy Jehová tu sanador.
—Éxodo 15:26

Un maravilloso aspecto de la sanidad divina de Dios para nosotros como seres humanos—por medio de las Escrituras y a través de nuestro encuentro personal con Él—es que Él es nuestro Sanador.

Conociéndolo como Sanador

En el transcurso de mi vida, Dios se me ha manifestado a sí mismo como Sanador muchas veces. Una de las primeras veces que experimenté el milagro del poder operador de Dios fue cuando mi hija nació muerta después de realizar una operación cesárea. Había un joven interno en la sala en ese momento, y él inmediatamente la sacó y comenzó a administrarle respiración boca a boca. Una paz total reinaba en toda la sala mientras el interno actuaba con mi bebé hasta que finalmente ella empezó a respirar. Él se la pasó a los médicos y salió de la sala. Los médicos pusieron a mi hija en una incubadora y aquel interno no se volvió a ver de nuevo. Sentimos que fue un ángel del Señor porque nadie lo conocía, nadie lo pudo identificar en el personal y nunca se mostró después de eso.

Los médicos me dijeron que si mi hija vivía tres días sería un milagro. Para ese tiempo yo todavía no había recibido a Jesús como mi Salvador y Señor. Muchas veces yo había hecho la "oración del pecador" expresando pena por mis pecados, pero realmente nunca había recibido la salvación del Señor por fe. Yo estaba en mi sala del hospital recuperándome del parto y esperando ver lo que pasaría con mi hija cuando oí un coro de ángeles cantando y llamándome por mi nombre central. "Catherine, recibe a Jesús como tu Salvador", y así se mantuvieron repitiendo. Quise averiguar de dónde provenía la música, pero no pude descubrir su fuente. Así que, caminé hacia la ventana y sentí la presencia de aquellos ángeles. Una vez más dije la oración del picador y recibí completamente al Señor justo entonces y allí. Estaba tan entusiasmada que retiré la IV aguja de mi brazo y corrí por el corredor diciéndole a todo el mundo que yo había nacido de nuevo por el Espíritu de Dios. Los médicos asumieron que yo estaba alucinando y me dieron algo para dormir, pero yo sabía que Dios me había tocado ese día. Él también sanó a mi hija. Ella vivió y no experimentó daños cerebrales en lo absoluto.

¡Nuestro Dios puede hacerlo todo!

Desde entonces y he visto todo tipo de milagros y sanidades—sanidades de aquellos que sufren enfermedades hasta liberación de los que sufren por abusos que ellos mismos se han propinado. Dios nuestro Sanador desea hacernos un todo en cuerpo, mente y espíritu, y Él me llamó a ministrar sanidad e integridad a otros mientras predico su evangelio de salvación. A veces, ministro a adictos a las drogas y he visto a cientos liberados de su adicción, porque Dios es el que está haciendo la sanidad, no yo. He puesto mis manos sobre los adictos a la cocaína crack y observado como Dios milagrosamente los hace libres.

Dios nuestro Sanador desea hacernos un todo en cuerpo, mente y espíritu.

En muchos de los milagros que me he encontrado, ángeles de Dios me han mostrado como orar. Este tipo de revelación es parte de mi ministerio, el cual incluye sueños y visiones. Generalmente veré ángeles junto a personas y ellos me mostrarán en qué parte aquella persona necesita oración. Por ejemplo, seré capaz de ver dentro del pecho de una persona y el ángel pondrá sus manos sobre el pecho y me mostrará un punto oscuro sobre los pulmones de él o ella. Después, veré la Palabra de Dios escrita—palabras como "por mi llaga vosotros fuisteis curados" (véase 1 Pedro 2:24) y *"Yo soy Jehová tu sanador"* (Éxodo 15:26). Después de eso veré la Palabra convertirse en una espada que va al lugar donde la persona necesita sanidad, y veré el fuego y el poder sanador de Dios dentro de ella.

Dios me ha dado sueños, visiones y revelaciones para ayudar a la gente. No son solo por el amor a mi familia y a mío. Es para todo mundo. ¡Nuestro Dios puede hacerlo todo! Solo tenemos que reconocer cuán grande y compasivo es Él.

Servimos a un Dios que puede reemplazar cualquier cosa que haga falta en su vida. En cualquier área que usted necesite sanidad, Dios está esperando y quiere sanarlo y satisfacer su necesidad. Sé de lo que estoy hablando porque lo he experimentado de primera mano. Por ejemplo: mi hijo tenía epilepsia, provocándole que algunas células cerebrales fueran destruidas. Después que se le diagnosticó con epilepsia, tuvimos que ir a las citas médicas cada seis meses. Estuvimos orando por sanidad y, pasado el tiempo, Dios le ¡restauró las células las células cerebrales! Varios médicos confirmaron que las células eran normales. Estaban asombrados de este milagro y admitieron: "Tuvo que ser el poder de Dios para que sucediera esto".

Dios dijo: "*Y os restituiré los años que comió la oruga, el saltón, el revoltón y la langosta, mi gran ejército que envié contra vosotros*" (Joel 2:25). Si usted necesita que Él le restaure algo en su vida, no pedirlo a Él, Dios puede restaurar todo lo que nuestro enemigo el diablo ha quitado de nuestras vidas. Jesús dijo: "*El ladrón no viene sino para hurtar y matar y destruir; yo he venido para que tengas vida, y para que la tengan en abundancia*" (Juan 10:10).

Sanidad para el espíritu, alma y cuerpo

La palabra sanar, de acuerdo con el *11vo Diccionario Universitario Merriam-Webster*, significa:

- Hacer sano o total.
- Causar (una condición indeseable) para vencer.
- Restaurar la pureza original o integridad.

Estas definiciones llevan la atención al hecho de que la enfermedad—y la sanidad de Dios—no está limitado a asuntos físicos. Esto aplica a todo nuestro ser: espiritual, mental, emocional y físico. Dios desea que seamos íntegros en todos los aspectos de nuestras vidas. "*Y el mismo Dios de paz os santifique por completo; y todo vuestro ser, **espíritu, alma y cuerpo**, sea guardado irreprensible para la venida de* *nuestro Señor Jesucristo. Fiel es el que os llama, el cual también lo hará"* (1 Tesalonicenses 5:23–24, énfasis añadido).

En el libro de Juan, Jesús encontró a un hombre que era inválido y le preguntó: *"¿Quieres ser sano?"* (Juan 5:6). Este hombre había estado enfermo durante treinta y ocho años e indudablemente había llegado a estar muy frustrado, mental y emocionalmente además de la fatiga que su enfermedad física cargaba sobre su cuerpo. Jesús estaba preguntándole al hombre que si quería que Él venciera la condición y lo dejara sano.

Cuando se ora por las personas, a veces ellas reciben más de un tipo de sanidad a la vez.

Ha sido mi experiencia, que las personas por las que se ora, algunas veces reciben más de un tipo de sanidad al mismo tiempo. Por ejemplo: Un hombre llamado Adrian asistió a una de mis reuniones y recibió sanidad tanto física como emocional. Él se había sentado en las filas de atrás de la iglesia porque su espalda le dolía mucho debido a una lesión que meses atrás le había provocado un accidente de tránsito. Él me escribió: "Después que usted hizo la oración de fe, el espíritu de sanidad fue liberado en la sala. Fui sanado de falta de perdón, amargura del pasado, problemas de seno, dolor de espalda, y, para remate, cinco dientes fueron rellenados en mi boca. Yo lloré como un bebé esa noche, pero salí de la iglesia esa noche con paz, gozo, liberado y sanado".

Las Escrituras revelan a Dios como Sanador

No solo por medio de la experiencia personal de otros y de nosotros mismos que entendemos el poder de la sanidad de Dios. Por medio de la fe de la Palabra de Dios, podemos saber de seguro que Él es nuestro Sanador. Él reveló este atributo en las Escrituras por medio de la vida de Abraham y continuó revelándola a través de su pacto con el pueblo de Israel. Esta revelación culminó con el sacrificio de su Hijo Jesucristo a favor de nosotros. Desde la caída de la humanidad, Dios ha estado desplegando su plan de salvación y restauración en Cristo por los seres humanos rebeldes y quebrantados. Este plan no solo incluye liberación del pecado y de la muerte eterna, sino también para nuestros cuerpos y mentes.

Revelaciones y manifestaciones en el Antiguo Testamento

Entre las primeras sanidades mencionadas en la Biblia están aquellas en las cuales Dios restauró la habilidad de las mujeres para tener hijos. (Véase Génesis 20:17–18). Sara, la esposa del patriarca Abraham, también recibió una sanidad y milagro relacionado a su maternidad. Después de años de ser estéril, y cuando ya le había pasado la edad normal para concebir, ella fue habilitada para concebir el hijo de la promesa, Isaac, a la edad de noventa años, como parte del pacto de la promesa de Dios a Abraham que haría de él una nación grande. (Véase Génesis 17:15–19; 21:1–3).

Dios reveló a los israelitas su naturaleza como Sanador y les prometió sanidad divina si ellos guardaban sus mandamientos. Cuando Él sacó a la nación de Israel de la esclavitud de Egipto, después de castigar a sus captores con diez plagas, Él le dijo al pueblo:

> *Si oyeres atentamente la voz de Jehová tu Dios, e hicieres lo recto delante de sus ojos, y dieres oídos a sus mandamientos, y guardares todos sus estatutos,*

ninguna enfermedad de las que envié a los egipcios te enviaré a ti; porque yo soy Jehová tu Sanador.
(Éxodo 15:26)

Y por haber oído estos decretos, y haberlos guardado y puestos por obra, Jehová tu Dios guardará contigo el pacto y la misericordia que juró a tus padres. Y te amará, te bendecirá u te multiplicará, y bendecirá el fruto de tu vientre y el fruto de tu tierra, tu grano, tu mosto, tu aceite, la cría de tus vacas, y los rebaños de tus ovejas, en al tierra que juró a tus padres que te daría. Bendito serás más que todos los pueblos; no habrá en ti varón ni hembra estéril, ni en tus ganados. Y quitará Jehová de ti toda enfermedad; y todas las malas plagas de Egipto, que tú conoces, no las pondrá sobre ti, antes las pondrá sobre todos los que te aborrecieren. (Deuteronomio 7:12–15)

El rey David escribió acerca del poder sanador de Dios:

Bendice, alma mía, a Jehová, y no olvides ninguno de sus beneficios. El es quien perdona todas tus iniquidades, el que sana todas tus dolencias; el que rescata del hoyo tu vida, el que te corona de favores y misericordias. (Salmo 103:2–4)

Jehová, no me reprendas en tu enojo, ni me castigues con tu ira. Ten misericordia de mí, oh Jehová, porque estoy enfermo; sáname, oh Jehová, porque mis huesos se estremecen. (Salmo 6:1–2)

Bienaventurado el que piensa en el pobre; en el día malo lo librará Jehová. Jehová lo guardará, y le dará

> *vida; será bienaventurado en la tierra, y no lo entregarás a la voluntad de sus enemigos. Jehová lo sustentará sobre el lecho del dolor; mullirás toda su cama en su enfermedad. Yo dije: Jehová, ten misericordia de mí; sana mi alma, porque contra ti he pecado.*
>
> (Salmo 41:1–4)

Dios mostró misericordia no solo con su pueblo, los israelitas, sino también con otros que vinieron a Él buscando sanidad. En 1 y 2 Reyes, leemos como Dios levantó de la muerte a dos muchachos por medio de los profetas Elías y Eliseo. (Véase 1 Reyes 17:8–24; 2 Reyes 4:8–37). En 2 Reyes leemos el relato de Naamán, el comandante del ejército del rey de Siria, a quien Dios sanó de lepra por medio del profeta Eliseo. (Véase 2 Reyes 5:1–15).

El libro de Daniel registra la sanidad divina que Dios le dio a Daniel y a sus tres compañeros porque lo honraron a Él, aunque estaban prisioneros en Babilonia y enfrentaban las presiones para que comprometieran su fe. (Véase Daniel 1:1–15).

En el Antiguo Testamento hay muchos más ejemplos del poder sanador de Dios. Sin embargo, la completa revelación y provisión de Dios como Sanador vino en la persona de su Hijo Jesucristo.

Revelaciones y manifestaciones en el Nuevo Testamento

Jesús era el Dios Sanador que vino a la tierra para restablecer la comunión de la humanidad consigo mismo y restaurar la integridad de la humanidad a su imagen. Cuando Él estuvo en la tierra, Jesús cumplió la profecía por medio de su vida:

> *El Espíritu del Señor está sobre mí. Por cuanto me ha ungido para dar buenas nuevas a los pobres; me ha enviado a sanar a los quebrantados de corazón; a pregonar libertad a los cautivos, y vista a los ciegos; a poner en libertad a los oprimidos.* (Lucas 4:18)

Repito, el evangelio de salvación es uno de sanidad para la persona completa: espíritu, alma y cuerpo.

> *El siguiente día vio Juan a Jesús que venía a él, y dijo: He aquí el Cordero de Dios, que quita el pecado del mundo.* (Juan 1:29)

> *Y cuando llegó la noche, trajeron a Él muchos endemoniados; y con ola palabra echo fuera a los demonios, y sanó a todos los enfermos; para que se cumpliese lo dicho por el profeta Isaías, cuando dijo: Él mismo tomó nuestras enfermedades, y llevó nuestras dolencias.* (Mateo 8:16–17)

El propósito del sacrificio de Jesús

Así como la salvación del pecado viene por medio de Cristo, la sanidad viene también por medio de Él. Para entender y recibir sanidad, debemos permanecer enfocados en el propósito del sacrificio de Jesús por nosotros. Él no carga con nuestras tristezas y pecados por nada. Echemos un vistazo al significado del sufrimiento de Jesús a favor nuestro mediante la descripción en Isaías 53:4–5 de su sacrificio:

> *Ciertamente llevó Él nuestras enfermedades, y sufrió nuestros dolores; y nosotros le tuvimos por azotado, por herido de Dios y abatido. Más Él herido fue por nuestras rebeliones, molido por nuestros pecados; el*

> *castigo de nuestra paz fue sobre Él, y por su llaga fuimos nosotros curados.*

1. *"Mas Él herido fue por nuestras rebeliones"*: El tormento que Jesús llevó en la cruz no fue por sí mismo sino por nosotros, porque Él fue sin pecado. *"Porque no tenemos un sumo sacerdote que no pueda compadecerse de nuestras debilidades, sino uno que fue tentado en todo según nuestra semejanza, pero sin pecado"* (Hebreos 4:15). ¿Qué tal si nosotros hubiéramos pagado el precio por cada una de nuestras rebeliones cometidas? *"Porque cualquiera que guardare toda la ley, pero ofendiere en un punto, se hace culpable de todos"* (Santiago 2:10). Jesús llevó el castigo por nosotros para que no tuviéramos que pagarlo. *"Porque la paga del pecado es muerte, más la dádiva de Dios es vida eterna en Cristo Jesús Señor nuestro"* (Romanos 6:23).

2. *"Molido por nuestros pecados"*: ¿Qué tal si cada vez que pecáramos fuéramos azotados por nuestras espaldas? Dentro de poco, hubiéramos desmayado de solo pensarlo. Agradecidamente, el precio por nuestros pecados ya ha sido pagado. Jesús tomó el dolor y el castigo de nuestra culpa sobre sí mismo. *"Puesto los ojos en Jesús, el autor y consumador de la fe, el cual por el gozo puesto delante de Él sufrió la cruz, menospreciando el oprobio, y se sentó a la diestra del trono de Dios"* (Hebreos 12:2).

3. *"El castigo de nuestra paz fue sobre Él"*: Jesús no solo tomó el castigo por nuestros pecados, asegurando nuestra paz con Dios el Padre, sino que también tomó la responsabilidad de guardar nuestra paz.

> *Y no solamente con respecto a él se escribió que le* [justicia] *fue contada, sino también con respecto a nosotros a quienes a de ser contada, esto es, a los que creemos en el* [Dios] *que levantó de los muertos a*

Jesús, Señor nuestro, el cual fue entregado por nuestras transgresiones, y resucitado para nuestra justificación. Justificados, pues, por la fe, tenemos paz para con Dios por medio de nuestro Señor Jesucristo; por quien también tenemos entrada por la fe a esta gracia en la cual estamos firmes, y nos gloriamos en la esperanza de la gloria de Dios. (Romanos 4:23–5:2)

Por nada estéis afanosos, sino sean vuestras peticiones delante de Dios en toda oración y ruego, con acción de gracias. Y la paz de Dios, que sobrepasa todo entendimiento, guardará vuestros corazones y vuestros pensamientos en Cristo Jesús. (Filipenses 4:6–7)

Hoy, Jesús continúa de nuestro lado atacando al enemigo, recordándonos que Él ya ganó la guerra y que la paz es nuestra herencia. Además, cuando nosotros llegamos a empantanarnos tanto en nuestras dificultades que olvidamos que ya tenemos la victoria, el Espíritu Santo de Dios "*nos ayuda en nuestra debilidad; pues qué hemos de pedir como conviene, no lo sabemos, pero el Espíritu mismo intercede por nosotros con gemidos indecibles*" (Romanos 8:26).

Jesús continúa, de nuestro lado, derrotando los ataques del enemigo.

4. "*Por su llago fuimos nosotros curados*". El resultado de tan grande y milagroso sacrificio ¡es que por sus llagas, sus heridas, sus magulladuras, nosotros somos sanados!

Sanidad eterna

Algunas veces podemos experimentar la necesidad para sanidad física, emocional y mental mientras vivimos en esta tierra. Sin embargo, por causa del sacrificio de Jesús por nosotros, vendrá un día cuando seremos absolutamente íntegros y nunca tendremos que preocuparnos de las penas o dolencias otra vez. Uno de los discípulos de Jesús, Juan, escribió en el libro de Apocalipsis:

> *Y yo Juan vi la santa ciudad, la nueva Jerusalén, descender del cielo, de Dios, dispuesta como una esposa ataviada para su marido. Y oí una gran voz del cielo que decía: He aquí el tabernáculo de Dios con los hombres, y Él morará con ellos; y ellos serán su pueblo, y Dios mismo estará con ellos como su Dios. Enjugará Dios toda lágrima de los ojos de ellos; y ya no habrá muerte, ni habrá más llanto, ni clamor, ni dolor; porque las primeras cosas pasaron. Y el que estaba sentado en el trono dijo: He aquí, yo hago nuevas todas las cosas. Y me dijo: Escribe; porque estas palabras son fieles y verdaderas. Y me dijo; Hecho está. Yo soy el Alfa y la Omega, el principio y el fin. Al que tuviere sed, yo le daré gratuitamente de la fuente del agua de la vida. El que venciere heredará todas las cosas, y yo seré su Dios, y él será mi hijo.* (Apocalipsis 21:2–7)

¡Qué promesa de bendición es esta para nosotros! No más dolor, no más tristeza, no más llanto o muerte. Estaremos perfectamente sanados y listos para pasar la eternidad con Dios.

Sin embargo, aun ahora, en la tierra, podemos recibir sanidad por el poder de Dios obrando en nuestras vidas. Es mi deseo que por medio de este libro que usted no solamente venga a entender que Dios es Sanador, sino también tiene una revelación personal que Él es *su* Sanador.

Capítulo 2

Humanidad quebrantada y herida

La enfermedad y padecimiento parece plagar nuestra nación y nuestro mundo. Los adultos están luchando con enfermedades como el Alzheimer, artritis crónicas enfermedades del corazón, cáncer del pecho, HPV, diabetes, y cáncer en general, así como con problemas psicológicos como depresión crónica, esquizofrenia, desorden bipolar, y desorden obsesivo compulsivo, todo lo cual ataca la estabilidad mental. La gente está quebrantada, física, mental y emocionalmente.

Penosamente, los niños están *naciendo* con enfermedades y otros problemas físicos, tales como asma, fallas congestivas del corazón, infecciones de pulmones y riñones, ceguera y sordera. Algunos ya nacen con enfermedades como la tuberculosis o SIDA. Sufren síntomas de adicciones que ellos heredaron de las adicciones al crack, metanfetaminas y otras sustancias destructivas de sus propios padres.

Uno de los resultados es que las compañías farmacéuticas están desarrollando píldoras y medicinas para aplicarlas a casi toda dolencia imaginable física y emocional—una píldora para levantarse, para dormir, para reír, para dejar de llorar, para tratar dolores de cabeza, resfríos, dolores de espalda y tos. Han creado cremas y lociones medicadas para aliviar la incomodidad del eczema y otras condiciones de la piel.

La industria farmacéutica es el negocio de cien billones de dólares, aunque parece que a algunas personas no les va muy bien o se están enfermando más. A medida que los cuerpos de las personas se van haciendo inmune a los tratamientos, soluciones medicinales más fuertes se han desarrollado para reemplazar a las anteriores. Algunas enfermedades persisten debido a que son principalmente el resultado del estilo de vida no saludable de las personas. Y mientras el cuidado de salud es un gran negocio, muchas personas no pueden costearlas. Si no fuera por la gracia de Dios, algunas de estas personas ya no estarían vivas.

¿Cuales su diagnóstico?

La enfermedad no solo de condiciones de la sociedad o estadísticas. Puede ser muy personal. ¿Cuál es su dolencia? ¿Usted o alguien cercano a usted necesita sanidad?

Cuando alguien visita a un medico por alguna enfermedad, lo primero que el médico hace es hacer una serie de preguntas. Él o ella juntan tanta información como sea posible para descubrir la naturaleza de la enfermedad que le está causando la molestia. Esto se debe a que el médico sabe que solo tratar los síntomas superficiales no basta. Si hay una cura médica para su enfermedad, el trabajo del médico es identificar el antidote que le dará la cura por medio de prescripciones, tratamientos, cirugías y así sucesivamente.

Ya sea que su necesidad de sanidad es física, mental, emocional, o espiritual, usted debe ser honesto en cuanto a sus síntomas. Así que, comencemos a hacer un diagnóstico sencillamente haciendo una serie de preguntas.

1. ¿Está usted físicamente enfermo, y si no, cuáles son sus síntomas?

Dios obra sanidad por medio de los médicos, también como directamente, por tanto, ha compartido usted todos sus síntomas abierta y honestamente con un reconocido médico? Además, ¿ha sido usted tan amplio y transparente en lo posible cuando se le preguntó sobre cierto comportamiento? Una de las cosas que muchos médicos hacen hincapié es la necesidad de una comunicación honesta entre el paciente y el médico para procurar el mejor tratamiento posible. Por ejemplo, muchas personas cuando se les pide: "Describa su dieta diaria", a menudos responden con respuestas muy vagas y sin descripción. "Oh, un desayuno ligero...un almuerzo ligero...poca cena por la noche...pocos bocadillos entre comidas". Si usted come tocino y embutido todas las mañanas con un agregado de huevos y tostadas y se lo engulle todo con una lata de mocha, admítalo. No permita que su desconcierto lo aleje de la sanidad que usted necesita desesperadamente. Los médicos están acostumbrados a escuchar lo peor, por lo que, si usted va a ellos por tratamiento, prepárese para decir la verdad. No deje que el orgullo le provoque caer en un abismo de donde solo un tratamiento médico agresivo pudiera sacarlo en el futuro. *"Antes de la caída la altivez de espíritu"* (Proverbios 16:18). Usted no puede presentar adecuadamente el mensaje de Cristo a los demás cuando se ha propuesto hacer cosas a su propio cuerpo que le evitarán ser efectivo para Dios. *"¿O ignoráis que vuestro cuerpo es templo del Espíritu Santo, el cual está en vosotros, el cual tenéis de Dios, y que no sois vuestros? Porque habéis sido comprados por precio; glorificad, pues, a Dios en vuestro cuerpo y en vuestro espíritu, los cuales son de Dios*" (1 Corintios 6:19–20).

2. ¿Son sus síntomas mentales o emocionales? ¿Se ha retirado de sus amigos y seres queridos, y si es así, por qué? ¿Qué sucesos lo llevaron a este comportamiento? ¿Esto es algo nuevo que usted está experimentando, o siempre se ha sentido de este modo—que tanto se refiere a "deprimido" o "bajo de espíritu"? Algunas veces, los acontecimientos ocurren en nuestras vidas que envían nuestras emociones y sentido de espiral de seguridad fuera de control y nosotros no le hablamos a alguien de cómo nos sentimos, ellos pueden estar peor. Especialmente, como hijos de Dios, necesitamos rodearnos con aquellos de igual fe, aquellos que creen en nuestro Dios y pueden recordarnos de su poder siempre estemos débiles. "*Y considerémonos unos a otros para estimularnos al amor y a las buenas obras; no dejando de congregarnos como algunos tienen por costumbre, sino exhortándonos; y tanto más, cuanto veis que aquel día se acerca*" (Hebreos 10:24–25).

Debemos rodearnos de aquellos que creen en nuestro Dios y pueden recordarnos de su poder.

Algunas personas simplemente no saben por qué se sienten de la manera que se comportan, y esto algunas veces tiene que ver con un desequilibrio químico en sus cuerpos u otras complicaciones físicas para lo cual un médico licenciado puede prescribir un tratamiento. Para otros, pudiera ser un ataque estratégico demoníaco para obstaculizar su progreso mientras van hacienda los negocios del Padre. Todo el tiempo debemos permanecer en guardia espiritualmente, pues el diablo continuamente busca nuestros momentos de vulnerabilidad para hacer estragos en nuestras vidas. *"Sed sobrios, y velad; porque vuestro adversario el diablo, como león rugiente anda alrededor buscando a quien devorar; al cual resistid firmes en la fe, sabiendo que los mismos padecimientos se van cumpliendo en vuestros hermanos en todo el mundo"* (1 Pedro 5:8–9).

3. ¿Son espirituales sus síntomas? ¿Tiene comunión con Dios? ¿Sabe que sus pecados han sido perdonados y que usted es su hijo? Si usted ha tenido una comunión con Dios, ¿se siente ahora como si Él se ha olvidado de usted? ¿Pareciera como si sus oraciones golpean el cielo raso de la casa y rebotan?

En una ocasión o en otra en nuestro caminar espiritual con Dios, todos nosotros hemos sentido como si nuestras oraciones no están siendo contestadas o que Dios ya no tiene cuidado. A medida que nuestra fe está siendo probada y comprobada, Dios quiere que resistamos estas pruebas y no caigamos bajo la presión de ellas.

Una madre que está enseñando a caminar a su hijo, algunas veces lo dejará que se caiga para que el joven ya no tenga temor de dar los pasos e intente él o ella caminar por sí mismo. Cada vez que el niño cae, él o ella, mira a la mamá porque el niño ha creado una relación con la madre que lo ha llevado al conocimiento: "Yo me puedo caer, pero sé que mi mamá no va a permitir que yo mismo me cause daño en el proceso. Yo confío en ella". Un escenario parecido es real en nuestra relación con el Padre celestial. Dios nos dejas que atravesemos por ciertas experiencias en la vida para que aprendamos a caminar en fe y confiemos en Él. Si estamos constantemente temerosos de lastimarnos, nunca caminaremos en fe y crecer o alcanzar nuevos niveles en la vida. Por consiguiente, Dios nos deja que crucemos por una cantidad de experiencias para enseñarnos a levantarnos contra las tácticas del diablo. "*Por lo demás, hermanos míos, fortaleceos en el Señor, y en el poder de su fuerza. Vestíos de toda la armadura de Dios, para que podáis estar firmes contra las asechanzas del diablo*" (Efesios 6:10–11).

Estamos en la lucha de nuestras vidas, pero esta batalla no es natural, es espiritual. Si usted pudiera ver en el reino del espíritu, se daría cuenta como Satanás y sus ejércitos trazan estrategias para tratar de mantenerse un paso delante de nosotros. El diablo quiere desviar nuestra atención del camino de Dios y utilizará cualquier medio para lograrlo.

Por sus llagas, nosotros somos sanados

Dios no quiere que andemos con enfermedades y padecimientos que no tenemos por qué llevar. Si Él lo hizo, entonces Él no tenía por qué enviar a su único Hijo Jesús a morir por nosotros, es por sus llagas que sufrió en la cruz que nosotros somos sanados. Adán y Eva, los primeros seres humanos, fueron creados sanos—sin enfermedades, padecimientos, o angustia mental o emocional. La provisión de sanidad de Dios es el resultado de su amor y salvación por medio de Cristo. "*Quien llevó Él mismo* [Jesús] *nuestros pecados en su cuerpo sobre el madero, para que nosotros, estando muertos a los pecados, vivamos a la justicia; y por cuya herida fuisteis sanados*" (1 Pedro 2:24). Esto significa que por cualquiera enfermedad que enfrentemos y por cualquiera dolencia que nuestro enemigo, el diablo, trate de infligirnos, Dios ya preparó la cura. ¡Aleluya!

El cuerpo de Cristo debe aprender que los creyentes tienen "*potestad de hollar serpientes y escorpiones, y sobre toda fuerza del enemigo*" (Lucas 10:19) y que en el nombre de Jesús "*sobre los enfermos pondrán sus manos, y sanarán*" (Marcos 16:18). No es de extrañar que los cristianos a menudo sean capaces de sustentar fuerza inimaginable en medio de algunas de las más penosas circunstancias. Jesús prometió que "*nada os dañará* [nosotros]" (Lucas 10:19). Esto no quiere decir que nosotros no experimentaremos adversidades en la vida, pero con cada lucha, Dios nos llevará en alas de águila y nos permitirá que soportemos la turbulencia mientras pasamos al otro lado de la tormenta. (Véase Éxodo 19:4).

La Biblia está llena de relatos sanidades milagrosas, pero desafortunadamente, muchas personas piensan que es imposible para los tiempos y días en los cuales vivimos. Este es un engaño del diablo. Él quiere que nosotros creamos que la era de las sanidades sobrenaturales es un fenómeno perdido. Si no somos cuidadosos, compraremos sus mentiras. Muchas personas han perdido su fe y cedido a la noción de que los registros de sanidades milagrosas que leemos en la Biblia, son solo cuentos de hadas y que no son ni literales ni aplicables a la vida real. Sin embargo, ¿qué sucedería si todo el tiempo que nos tomamos para acoger hoy el hecho de que estos relatos bíblicos fueron verdaderos encuentros vivos y que Dios todavía está realizando los mismos tipos de milagros hoy? El poder de Dios sería liberado y nosotros comenzaríamos a experimentar la manifestación de lo sobrenatural como nunca antes. Enfermedades incurables serían sanadas, las dolencias misteriosas cesarían, los ciegos verían, y los oídos sordos serían abiertos. Mi oración

Dios todavía sigue obrando los mismos tipos de milagros de los que leemos en la Biblia.

es que la iglesia de Jesucristo experimente el anhelo por la completa manifestación de sanidades sobrenaturales.

Aférrese de la Palabra de Dios

Uno de los más comunes obstáculos que evitan que muchos de nosotros experimenten este derramamiento sobrenatural es la falta de fe. Dios puede hacer todo lo que esté en su voluntad realizar y que esté en línea con su Palabra. Por tanto, ¿por que no confiamos en Él para hacer algo que nosotros no somos capaces de hacer? No estoy sugiriendo que saquemos de nuestras vitrinas los medicamentos, que rechacemos las órdenes de los médicos y que ignoremos el consejo profesional, sino que deberíamos emplear la fe y aplicar la Palabra de Dios a nuestras vidas, al mismo tiempo que utilizamos también la intervención médica y los tratamientos.

Escuchar un mal diagnóstico de la salud de uno con frecuencia es un homicida de la fe, pero mi oración es que después que usted lea este libro, rehusará aceptar malas noticias como una sentencia de muerte. Si está creyendo en Dios por un milagro para usted o para un ser querido, aférrese de la Palabra de Dios, no importa como parezcan las cosas en lo natural. Si usted oye malas noticias, recíbalas como una oportunidad para ver la completa manifestación del Espíritu de Dios—que está activo hoy—obrando en su vida o en las vidas de sus seres queridos.

Muchos cristianos han oído el dicho: "Aférrate de Dios" con tanta frecuencia que ahora reciben estas palabras como un cliché puramente en vez de palabras viables de ánimo. Sin embargo, si solo queremos dejar que las palabras de Dios sobre sanidad penetren nuestro espíritu, y realmente hacemos lo que la Palabra de Dios dice en vez de oírla (véase Santiago 1:22), empezaríamos a ser testigos de sanidades que parecerían imposibles manifestadas justo delante de nuestros ojos.

Listo para ministrar sanidad a otros

Como ministro del evangelio, yo soy constantemente asediada por quienes solicitan oraciones por sanidad. No importa la necesidad particular, mi deseo es presentar a cada persona el poder de Dios—la Fuente verdadera de vida y de todo lo demás. Este es también mi propósito al escribir *Una Revelación Divina de la Sanidad.* me gustaría presentarle a usted la Fuente de su sanidad y también a su poder para sanar. Aun los que ya conocen a Dios el Padre no siempre están al corriente de su deseo y habilidad para sanarlos por medio de su Hijo Jesucristo. Yo le animo fuertemente a explorar la Palabra de Dios para descubrir su compromiso con nosotros de completa sanidad—interna y externa—y recibir su sanidad. Una vez que recibimos el don de sanidad para nosotros mismos, de igual manera debemos pasar la promesa de este don a los demás.

Yo creo que estamos rápidamente acercándonos a los últimos días antes del regreso de Cristo a la tierra y que mucha gente vendrá a la iglesia buscando de Dios lo que ellos son incapaces de encontrar por medio de intervención humana. Esto incluye la sanidad. Si sus necesidades son espirituales, mentales, emocionales o físicas, debemos estar preparados para proporcionar las respuestas bíblicas que los conduzca a la sanidad de las heridas de los que buscan completa libertad de sus enfermedades. La pregunta es: ¿Estará la iglesia preparada para dirigir la afluencia de buscadores de aquel a quien últimamente buscan? *"Pero cuando venga el Hijo del Hombre, ¿hallará fe en la tierra?"* (Lucas 18:8).

Cuando un creyente camina de acuerdo con el Espíritu de Dios, él o ella es un mediador por medio del cual fluye el poder sanador de Dios.

Nunca debemos buscar gloria personal para que Dios obre milagros. (Véase Isaías 42:8). En vez de eso, en todas las cosas, debemos conducir a los que buscan sanidad hacia el Único que puede sanar todas sus heridas. Si alguien que estuvo enfermo, viene a usted hoy, ¿estaría usted, como cristiano, preparado para orar por esta persona y ver que él o ella se recupere (véase Marcos 16:18), o será una pérdida de palabras...no preparado para ministrar la sanidad de Cristo?

La "imposición de manos" para sanidad es esencialmente una conexión espiritual entre la persona necesitada del poder sanador de Dios, nosotros mismos, y Dios. Cuando un creyente está caminando conforme el Espíritu de Dios, él o ella es un mediador, un canal por medio del cual el poder sanador de Dios viene a un individuo que está achacoso de enfermedades y padecimientos. ¿Puede usted imaginarse yendo a alguien que está en su cama de enfermo, poner sus manos sobre él, y esperar que se levante de la cama sanada totalmente? Si este escenario le parece inimaginable a usted, entonces siga leyendo. Dios no solamente sana como lo hacía en tiempos pasados, sino que podemos andar en el poder de la sanidad como lo hizo también Jesús cuando estuvo en la tierra. Jesús nos dijo: "*De cierto, de cierto os digo: El que cree en mí, las obras que yo hago, él las hará también; y aun mayores hará, porque yo voy al Padre*" (Juan 14:12).

Capítulo 3

Sanidad para el espíritu

Mas a vosotros los que teméis mi nombre, nacerá el Sol de justicia, y en sus alas traerá salvación.
—Malaquías 4:2

Dios creó a cada uno de nosotros con un espíritu, un alma (incluyendo la mente, la voluntad y las emociones) y un cuerpo. (Véase 1 Tesalonicenses 5:23). Mientras que cada una de estas áreas de nuestras vidas es importante, la sanidad espiritual es de primera importancia y nos lleve la última sanidad en las otras áreas.

Después que Dios creó los primeros seres humanos, ellos se rebelaron contra Él y permitieron que el pecado gobernara sus vidas y entrara en el mundo. Desde ese tiempo, ha estado en una carrera que es la muerte, espiritualmente hablando: *"Por tanto, como el pecado entró en el mundo por un hombre, y por el pecado la muerte así la muerte pasó a todos los hombres, por cuanto todos pecaron"* (Romanos 5:12). A menos que los seres humanos apliquen el remedio de Dios para el pecado y la muerte, él o ella permanecerán en un estado de muerte espiritual. Sin embargo, ¡Dios ha provisto sanidad espiritual para nosotros por medio de la fe en Jesús! *"Porque somos sepultados juntamente con Él para muerte por el bautismo, a fin de que como Cristo resucitó de los muertos por la gloria del Padre, así también nosotros andemos en vida nueva"* (Romanos 6:4).

¿Qué significa recibir sanidad espiritual? Primero, sanidad espiritual involucra renovación de su espíritu—su yo esencial como ser humano hecho a la imagen de Dios—de la corrupción de pecado para que usted pueda experimentar integridad espiritual y vida eterna. *"Más ahora que habéis sido libertados del pecado y hechos siervos de Dios, tenéis por vuestro fruto la santificación, y como fin, la vida eterna. Porque la paga del pecado es muerte, más la dádiva de Dios es vida eterna en Cristo Jesús Señor nuestro"* (Romanos 6:22–23). La vida eterna incluye el perdón de todos nuestros pecados. *"Para que abras sus ojos, para que se conviertan de las tinieblas a la luz, y de la potestad de Satanás a Dios; para que reciban, por la fe que es en mí* [Jesús], *perdón de pecados y herencia entre los santificados"* (Hechos 26:18).

Estar sano espiritualmente significa que ahora usted puede entrar en las promesas de la Palabra de Dios que se aplica a los que son sus hijos.

Segundo, sanidad espiritual incluye la restauración de la comunión entre usted y Dios que fue rota como resultado del pecado y la muerte espiritual. *"Justificados, pues, por la fe, tenemos paz para con Dios por medio de nuestro Señor Jesucristo"* (Romanos 5:1). Cuando la comunión se restablece, usted *"nace de nuevo"*. (Véase Juan 3:1–21). Usted se convierte un hijo de Dios. *"Mas a todos los que le recibieron, a los que creen en su nombre, les dio potestad de ser hechos hijos de Dios; los cuales no son engendrados de sangre, ni de voluntad de carne, ni de voluntad de varón, sino de Dios"* (Juan 1:12–13).

Tercero, estar sano espiritualmente significa que ahora usted puede entrar en las promesas de la Palabra de Dios que se aplica a los que son sus hijos. *"El Espíritu mismo da testimonio a nuestro espíritu, de que somos hijos de Dios. Y si hijos, también herederos, herederos de Dios y coherederos con Cristo, si es que padecemos juntamente con Él, para que juntamente con Él seamos glorificados"* (Romanos 8:16–17). *"Porque todas las promesas de Dios son en Él sí, y en Él Amén, por medio de nosotros, para la gloria de Dios"* (2 Corintios 1:20).

Salvación y sanidad

El perdón de pecados puede preparar el terreno la sanidad física y emocional, especialmente si el pecado le ha provocado una enfermedad. En el capítulo 9 de Mateo, cuando Jesús ministró a un paralítico, Él trató con tanto con la sanidad física como la espiritual de su vida.

> *Y sucedió que le* [Jesús] *un paralítico, tendido sobre una cama; y al ver Jesús la fe de ellos, dijo al paralítico: Ten ánimo, hijo; tus pecados te son perdonados. Entonces algunos de los fariseos decían dentro de sí: Este blasfema. Y conociendo Jesús los pensamientos de ellos, dijo: ¿Por qué pensáis mal en vuestros corazones? Porque, ¿qué es más fácil, decir: Los pecados te son perdonados' o decir: Levántate y anda? Pues para que sepáis que el Hijo del Hombre tiene potestad en la tierra para perdonar pecados (dice entonces al paralítico): Levántate, toma tu cama, y vete a tu casa. Entonces él se levantó y se fue a su casa.* (Mateo 9:2–7)

La palabra griega para "sanar" es *sozo*. Esta palabra también se traduce comúnmente como "salvar". Muchas veces en toda la Biblia, sanó a alguien, Él también le a él o ella perdonó sus pecados. Esto no implica que todo el que está enferme, tiene un pecado específico para culpar a él o ella de su condición, sino solamente enfatizar el compromiso de Dios para nuestra completa sanidad—cuerpo, alma y espíritu.

Cuan asombroso debe haberse sentido el hombre sentado a la puerta llamada La Hermosa en Hechos 3, quien habiendo sido cojo de nacimiento, esperando recibir unas pocas monedas para vivir, se le dio algo mas grande—¡salud e integridad! Mientras él se sentaba allí a pedir limosnas de los que entraban al templo, se fijó en Pedro y Juan y les pidió dinero. Pedro y Juan le contestaron: "*Mas Pedro dijo: No tengo plata ni oro, pero lo que tengo te doy; en el nombre de Jesucristo de Nazaret, levántate y anda*" (versículo 6).

Hay cientos de personas ricas cuyo dinero no puede comprar la salud e integridad, tampoco física, mental, mental y emocional. A menudo miramos a los que son ricos y nos preguntamos: *¿Como pueden ser tan felices con todo ese dinero?* El dinero realmente no compra la verdadera felicidad o la integridad. Estas cosas solo se pudren adquirir recibiendo sanidad espiritual de una comunión restaurada con Dios el Padre.

Por consiguiente, al recibir sanidad espiritual, usted puede adquirir el poder recibir también la sanidad mental, emocional y física que necesita. Si esta sanidad es activada por medios medicinales o medios sobrenaturales, la sanidad en todos sus aspectos, es un don de Dios. Si nunca ha dudado que Dios desea lo mejor para usted, entonces abra su mente a una nueva manera de pensar. En vez de eso,

¡usted puede ser hecho sano por medio del poder sanador del poderoso Dios!

> *Por nada estéis afanosos, sino sean conocidas vuestras peticiones delante de Dios en toda oración y ruego, con acción de gracias. Y la paz de Dios, que sobrepasa todo entendimiento, guardará vuestros corazones y vuestros pensamientos en Cristo Jesús.*
>
> (Filipenses 4:6–7)

Permita que la paz de Dios que sobrepasa todo entendimiento humano, sea su parte mientras lo busca a Él y reciba la sanidad que necesita. Sin paz espiritual, a menudo es difícil comenzar adecuadamente el proceso efectivo de la sanidad física o emocional porque la ansiedad y la falta de fe pueden bloquearlo. Para algunos puede parecer inaudito esperar paz en medio del sufrimiento, pero con Dios todas las cosas son posibles. (Véase Mateo 19:26; Marcos 10:27).

La realidad de la muerte espiritual

Las consecuencias de rehusar sanidad para el espíritu y permanecer en muerte espiritual son inconcebibles: eterna corrupción de nuestros espíritus y una eternidad separados de Dios. Hace años, cuando Jesús se me apareció en la noche por primera vez en visiones y revelaciones, me dijo que me iba a llevar a un viaje al infierno con Él. En seguida me mostró los compartimentos del infierno, y que después me iba a mostrar el cielo.

Jesús también me dijo que iba a ver cosas terribles en el infierno que yo debía escribir en un libro para ayudar a la gente de todo el mundo a recibir salvación y así escapar de una eternidad separados de Dios. He viajado en cerca de noventa naciones llevando este mensaje, y hoy, las almas todavía están siendo salvadas por miles después de escuchar mi testimonio y leer de eso en mi libro.[1]

Antes de llevarme al infierno, Jesús levantó su mano y el techo de mi casa se enrolló hacia atrás. Mi espíritu parecía salir del cuerpo y me puse al lado del Señor. Aunque mi cuerpo estaba tendido en la cama en estado como dormido, mi espíritu estaba despierto y conocía todo diez veces más inteligente fuera de mi cuerpo. Jesús me tomó de la mano y nos internamos en las galaxias. Ví un rollo con el Salmo 91 escrito colgando sobre mi casa y tres rangos de ángeles rodeando mi hogar. Algunos de los ángeles eran muy altos y tenían grandes espadas. Si algo malo se aproximaba a mi casa, los ángeles sacaban sus espadas y desaparecían la oscuridad. Los ángeles guerreros están alrededor de todos nosotros, y si usted clama a Dios, Él le envía la ayuda.

Entonces, Jesús y yo comenzamos a bajar por una "puerta" que conducía al infierno. Había una pared gris y detrás de ella estaban los poderes demoníacos por miles. Ví demonios de doce pies de altos que parecían cucarachas, junto con arañas que eran igual de altas. Demonios con navajas en sus espaldas rondaban por allí. Las cucarachas son los demonios perversos en el mundo. Muchas personas no comprenden que estamos librando una guerra espiritual con fuerzas malignas invisibles.

A medida que Jesús y yo bajábamos esta puerta, pude oír millones de voces gritando: "¡Déjenme morir! ¡Déjenme morir! ¡Ningún hombre cuida de mi alma!". Hasta donde yo pude ver, había hoyos de fuego en el terreno, y en cada hoyo

---

[1] Vea Mary K. Baxter, *Una Revelacion Divina del Infierno* y *Una Revelacion Divina del Cielo* (New Kensington, PA: Whitaker House).

estaba un esqueleto. Estas eran personas que habían muerto y estaban cosechando lo que habían sembrado en la tierra.

Un evangelio suavizado se les había predicado tanto a estas personas que no sabían nada de los tormentos del infierno. El libro de Daniel habla de la verdad siendo *"echada por tierra"* (Daniel 8:12) y que es la hora en que estamos ahora. La verdad de la Palabra de Dios está siendo echada por tierra por tierra, y la gente la está reemplazando con un evangelio suavizado que carece de poder para obrar una transformación espiritual en sus vidas. Usted debe saber que cuando se siente bien pecar, el diablo está tratando de destruirlo. Ahora es el tiempo de buscar la vida espiritual de Dios, salud e integridad—porque en el infierno esto ya no es posible.

> ***Ahora es el tiempo de buscar la vida espiritual, salud e integridad de Dios.***

En el infierno oí voces clamando a Jesús, pero Él me dijo que era demasiado tarde para esas almas porque el juicio de su Padre ya había sido establecido. Oí la voz de un hombre clamando: "He estado aquí por cincuenta años. Trato de escapar de este tormento, pero los demonios me agarran y me golpean y me parten en dos, y yo grito por la otra parte de mi cuerpo". Los horrores del infierno—¡no los conocemos todos aun! El infierno hiede horriblemente, como el olor de un albañal. Mi corazón se rompió cuando escuché el crujir de dientes de los sin esperanza y el clamor de las almas que se lamentaban de no haber escuchado las advertencias de los predicadores sinceros de Dios.

Ví el esqueleto de una mujer y su voz gritaba: "¡Señor, haré lo correcto si tú me sacas del infierno! No quiero estar aquí. Escuché tus palabras de arrepentimiento y amor cuando estaba en la tierra. Recuerdo a mi familia en la tierra y algunos de ellos van a venir aquí. Recuerdo el evangelio que se me predicó. Todos los días el hoyo se llena más. Por favor, Señor, ¡sácame de aquí!".

Jesús comenzó a gritar y ella empezó a gritar. Él le dijo a ella: "El juicio de mi Padre ya está dado. Es demasiado tarde". Y mientras Jesús y yo continuábamos, oí una multitud de voces de almas condenadas que seguían clamando en angustia a Él mientras pasaba por allí.

Mientras estamos aquí en la tierra, tenemos que dejar de tener miedo de las "bocanadas de viento" que el diablo está soplando, porque eso es todo lo que hace comparado con el poder de Dios—solo viento. Tenemos que volver a los caminos de Dios ahora mismo porque en el infierno, no hay escape. Cuando la gente en el infierno trata de salir del hoyo, los demonios los empujan de regreso y los queman más. Estos demonios no tienen misericordia absolutamente. Ellos atormentas a las almas diciéndoles: "¡Nosotros te engañamos...te engañamos!". Muchos líderes de la iglesia no quieren hablar del infierno porque no quieren que sus congregaciones se perturben. Estoy segura que aquellos que sufren en el infierno hubieran querido decirle a sus líderes que valía más el riesgo evitarle a la gente una horrible eternidad.

Miré la cantidad de almas en el corazón del infierno. Ese no fue el deseo de Dios para los seres humanos. Al principio Dios hizo el infierno para el diablo y sus ángeles que se rebelaron contra Él. *"Porque si Dios no perdonó a los ángeles que pecaron, sino que arrojándolos al infierno los entregó a prisiones de oscuridad, para ser reservados al juicio"* (2 Pedro 2:4). Sin embargo, todos los seres humanos que se rebelan contra Dios y se niegan a arrepentirse antes de morir terminarán allí. Jesús dijo: *"Y no temáis a los que matan el cuerpo, mas el alma no pueden matar; temed mas bien a Aquel que puede destruir el alma y el cuerpo en el infierno"* (Mateo 10:28). La muerte y el castigo eterno son el destino del diablo, los demonios y toda persona que no recibe salvación por medio de Jesucristo y vive para Él.

> *Entonces* [Jesús] *dirá también a los de la izquierda: Apartaos de mí, malditos, al fuego eterno preparado para el Diablo y sus ángeles.* (Mateo 25:41)

> *Y el diablo que los engañaba fue lanzado en el lago de fuego y azufre, donde estaban la bestia y el falso profeta; y serán atormentados día y noche por los siglos de los siglos. Y ví un gran trono blanco y al que estaba sentado en él, de delante del cual huyeron la tierra y el cielo, y ningún lugar se encontró para ellos. Y ví los muertos, grandes y pequeños, de pie ante Dios; y los libros fueron abiertos, y otro libro fue abierto, el cual es ele libro de la vida; y fueron juzgados los muertos por las cosas que estaban escritas en los libros, según sus obras. Y el amar entregó los muertos que había en él; y la muerte y el Hades entregaron los muertos que había en ellos; y fueron juzgados cada uno según sus obras. Y la muerte y el Hades fueron lanzados al lago de fuego. Esta es la muerte segunda. Y el que no se halló inscrito en el libro de la vida fue lanzado al lago de fuego.* (Apocalipsis 20:10–15)

Jesús dijo: *"Y si tu mano derecha te es ocasión de caer, córtala, y échala de ti; pues mejor te es que se pierda uno de tus miembros, y no que todo tu cuerpo sea echado al infierno"* (Mateo 5:30).

Por supuesto que Él no quiso decir que usted se debe mutilar físicamente. Él quiso decir que es mejor deshacerse de las causas que lo inducen a pecar mientras está en la tierra que arriesgarse a que lo lleven al sufrimiento eterno. Deshacerse de lo que lo induce a pecar quiere decir ceder todo lo que evita de Dios y apaciguando su naturaleza pecaminosa y activar lo agrada a Dios. ¡Que se vaya! Nada vale más que aferrarse a esa causa que compromete su posición espiritual con Dios. Córtelo de su vida completamente. Usted nunca querrá permitirse mantener el hábito, una manera de pensar, una cierta conducta, una relación, o cualquier cosa que le haga perder la eternal salvación.

En el infierno ví la entrada entre el infierno y la tierra que se abría y cerraba. Los demonios salían de allí y entraban en la tierra para atormentar. Por dondequiera que miremos, es una oportunidad tras otra para apaciguar los deseos pecaminosos de la carne mejor que abrazarse a Dios. Las Escrituras nos dicen:

> *Someteos, pues, a Dios; resistid al diablo, y huirá de vosotros. Acercaos a Dios, y Él se acercará a vosotros. Pecadores, limpiad las manos; y vosotros los de doble ánimo, purificad vuestros corazones....Humillaos delante del Señor, y Él os exaltará.*
>
> (Santiago 4:7–8, 10)

El diablo es muy sagaz en su táctica para separarnos de Dios. Por eso es que debemos recordar que no todo lo que parece bueno a la vista viene de Dios.

Ezequiel 28 describe a un ser que aparentemente es Satanás. Antes que Satanás cayera, anduvo con Dios, y la confección de sus "flautas" fueron creadas en él como un querubín. (Véase versículos 13–18). Después que el mal se encontró en él y fue echado del cielo, Satanás utilizó sus habilidades para descubrir los pecados de los seres humanos, acusarlos, y susurrarles sus engañosas mentiras. Su intención es tentar a la gente para que se maten ellos mismos antes que el Espíritu de Dios pueda limpiarlos de sus pecados, salvar sus almas y restaurarles su paz.

En mis revelaciones del infierno, he visto a Satanás con flautas en su barriga, de las cuales sale música. He visto muchas de estas flautas cuando he estado en oraciones de intercesión, y alcanzan todo el camino al cielo. A medida que las flautas se internan en la tierra, tocan canciones malas unas a otras. Van a la gente que son vulnerables y les susurran cosas como: "Mátate tú mismo.... Nadie te quiere.... Nadie se preocupa por tí.... Destrúyete tú mismo y será mucho mejor". Estas voces demoníacas cantan de una flauta de la otra y haciendo que muchas personas cometan suicidio porque la música y las voces que salen de ellas llevan una fuerza perversa. Es una seducción a cometer suicidio...un demonio de suicidio.

Algunas personas han creído en falsas doctrinas por medio de influencias de demonios o enseñanzas erróneas. Una vez, estando ministrando en Canadá, me senté en el vestíbulo de la iglesia tomando un descanso. Otra mujer estaba sentada allí, también y me dijo: "He estado esperando para hablar con usted. He oído que usted se mata a sí misma va al cielo. Yo he estado atravesando por esto y aquello, y he planeado mi muerte". Usted no podría imaginarse las enseñanzas que está oyendo la gente.

Yo le contesté: "Esa una mentira del diablo. ¿Sabe usted que si lo premedita, si decide matarse, se va a ir al infierno?"

Y ella me contestó: "Cuando hoy salga de aquí, ya lo tengo todo planeado lo que voy a hacer". La tomé de la mano y le dije: "Cariño, déjame orar por ti". Empecé a orar por ella y a hablarle. El poder de Dios vino y la aconsejé, diciendo: "¿Sabes que si haces esto terminarás en el infierno?" Y ella dijo: "¿Cómo puede ser eso? Vivo bien y hago lo correcto". Le dije: "Cariño, estás planeando tu propio homicidio". Oré y rompí el engaño por medio del Espíritu Santo. Usted tiene que romper algunas cosas de las personas. Más tarde esa misma noche, esta mujer fue la primera en venir al altar para arrepentirse de sus pecados. Es fenomenal como el Señor quebrantará los corazones más duros. Debemos estar en guardia contra los engaños del diablo.

Jesús continuamente usó la Palabra de Dios para contraatacar los ataques del diablo.

Jesús mismo fue tentado por el diablo para que se lanzara del pináculo del templo. (Véase Mateo 4:6). Sin embargo, Él continuó utilizando la Palabra de Dios para contraatacar los ataques del diablo.

> *Otra vez le llevó diablo a un monte muy alto, y le mostró todos los reinos del mundo y la gloria de ellos, y le dijo: Todo esto te daré, si postrado me adorares. Entonces Jesús le dijo: Vete, Satanás, porque escrito está: Al Señor tu Dios adorarás, y a Él solo servirás. El diablo entonces le dejó; y he aquí vinieron los ángeles y le servían.* (Mateo 4:8–11)

Jesús fue un ejemplo viviente de como neutralizar los ataques del diablo: continuar aplicando la Palabra de Dios. Aun cuando pareciera como si el diablo estuviera peleando continuamente contra usted, usted debe permanecer persistente, como lo hizo Jesús, hasta que el diablo se retire de su presencia. Para cada ataque que actualmente bajo el cual usted esté, la Palabra de Dios tiene una respuesta. Al principio, cuando usted comienza a hablar la Palabra, puede parecer como si nada sucediera, pero permanezca animado. Mire como Jesús fuertemente se levantó en su terreno en medio de las continuas tentaciones del diablo. El diablo no va a ceder solo por oírlo a usted hablar un texto de la Escritura. Por eso es que debe ser persistente y practicar la debida diligencia en su respuesta activa con la Palabra de Dios para detener cada ataque que él utilice como un intento de engañarlo para que usted se rinda. Rendirse no es una opción.

Usted tiene que entender que ninguno de nosotros está más allá del nivel de ser tentado. Sin embargo, si usted pone atención a las sabias palabras de Filipenses 2, sin importarle qué tentaciones utiliza el enemigo como señuelo para inducirlo en su auto destrucción, usted resistirá y continuará brillando la luz de Dios, aun a través de los momentos más oscuros: "*Hijos de Dios sin mancha en medio de una generación maligna y perversa, en medio de la cual resplandecéis como luminares en el mundo; asidos de la palabra de vida*" (Filipenses 2:15–16). Usted también puede llamar a cristianos fuertes que puedan orar por usted cuando esté atravesando la tentación.

Recibiendo sanidad espiritual

Mientras estaba en el infierno, encontré una forma esquelética que yo podría decir era de una mujer cuando habló. Ella le dijo a Jesús: "¡Señor sácame del infierno ahora! Me arrepiento ante ti. Yo acostumbraba predicar tu evangelio y me amaba tu Biblia, pero no vivía lo que predicaba". Y el Señor le dijo: "Cierto". El diablo había tentado a su marido, quien había cometido adulterio. Cuando su marido regresó de un viaje, le confesó la infidelidad y le había pedido que lo perdonara. Sin embargo, ella se rehusó a perdonarlo. Él había ido a la iglesia y tratado de obtener consejería, pero ella se había rehusado a ir a la iglesia con él. Ella dejó que el diablo entrara en su corazón y germinara la semilla de odio en ella. El Señor le explicó a ella que lo que su esposo había hecho realmente fue un error pues había sido tentado por el diablo. Aunque el hombre había terminado la relación, esta mujer compró un arma de fuego y mató a su esposo, la ex-amante y ella (la esposa) eran las únicas que habían ido al infierno.

> ***Pida perdón a través de la sangre de Jesús, y su mancha estará mas clara que la nieve.***

Cualquier cosa que lo obstaculice de recibir salvación por medio de Cristo y experimentar una saludable y total comunión con Dios, déjela que se vaya hoy y pida perdón a través de la sangre de Jesús, y su mancha estará más clara que la nieve. *"Venid luego, dice Jehová, y estemos a cuenta: si vuestros pecados fueren como la grana, como la nieve serán emblanquecidos; si fueren rojos como el carmesí, vendrán a ser como blanca lana"* (Isaías 1:18). La sangre de Jesús es tan poderosa que lava hasta dejarlo limpio. Todo pecado será borrado. *"Pero si andamos en luz, como Él está en luz, tenemos comunión unos con otros, y la sangre de Jesucristo su Hijo nos limpia de todo pecado"* (1 Juan 1:7).

La mujer que ví en el infierno que una vez predicó el evangelio, había estado viviendo una doble vida, pero en el infierno, todas las obras ocultas salen a luz. Todos los días tenemos muchas gentes como esta alrededor de nosotros. Algunas tienen la oportunidad de arrepentirse de sus actos pecaminosos ocultos, pero otros mueren y van la infierno antes de buscar sanidades de la toxicidad de sus vidas ocultas. Dios nos da muchas oportunidades para arrepentirnos las que a menudo ignoramos. Muchas de las voces que oí en el infierno clamando eran lamentos con remordimientos. Hoy, mucha gente se acomodado con sus pecados y están comprometidos. No quiere decir que ellos comprometidos tan descuidadamente, sino que han escuchado las predicaciones tantas veces y no lo han tomado de corazón por lo que cuando al final escuchan revelación, les suena extraño. Sus conciencias están endurecidas y ya no son receptivas al Espíritu Santo.

En una de mis visiones, ví un ataúd con quince demonios marchando alrededor de él. Había un hombre que confesó: "Señor, yo corrí al predicador de mi cuarto cuando estaba muriéndome". Y una mujer gritó: "Yo maldije al ministro cuando él llegó a orar por mí". Mientras estaban hablando, los demonios los arrastraban con cadenas de sus pies. El Señor me ordenó que los escuchara. Uno de ellos dijo: "No pensé que fuera malo murmurar". Después, miré al lado y en una esquina ví el corazón del infierno lleno de hipócritas y murmuradores. Estas son gente que, se dejaron guiar por la lujuria de la carne, lanzando destrucción a las iglesias, familias y hogares.

> *Porque el deseo de la carne es contra el Espíritu, y el del Espíritu es contra la carne; y éstos se oponen entre sí.*
> (Gálatas 5:17)

Un llamado al despertar espiritual

Debemos poner atención a la advertencia de la Escritura y recibir sanidad espiritual en esta vida para que podamos tener vida eterna después que muramos. Jesús contó la historia en Lucas 16 de un mendigo llamado Lázaro. Este hombre todos los días se sentaba a las puertas de un hombre rico. Decir que la salud del mendigo estaba fallando es una subestimación. *"Y aun los perros venían y le lamían las llagas"* (Lucas 16:21). Aunque la Biblia no hace mención de su estado mental, nosotros solo podemos imaginarnos las dificultades que tenía para sentarse a la puerta diariamente a mendigar migajas. Seguramente su situación indigente podía solamente haber empeorado su ya debilitado estado físico. Después que finalmente él murió, con todo, Lázaro no supo de dolor ni sufrimiento porque había confiado en Dios.

> *Había un hombre rico, que se vestía de púrpura y de lino fino, y hacía cada día banquete con esplendor. Había también un mendigo llamado Lázaro, que estaba echado a la puerta de aquél, lleno de llagas, y ansiaba saciarse de las migajas que caían de la mesa del rico; y aun los perros venían y le lamían las llagas. Aconteció que murió el mendigo, y fue llevado por los ángeles al seno de Abraham; y murió también el rico, y fue sepultado. Y en el Hades alzó sus ojos, estando en tormento, y vio de lejos a Abraham, y a Lázaro en su seno.* (Lucas 16:19–23)

Si usted va al infierno cuando muera, verá claramente todo lo que rehusó mirar o aun conocer cuando vivió en la tierra. El rico había rehusado mirar al mendigo que se sentaba diariamente a la puerta de su casa a mendigar. Sin embargo, ahora que el rico estaba en el infierno, *"alzó sus ojos...y vio...a Lázaro"*. Estaba el mendigo estaba con Abraham, ahora era el mendigo—mendigando ser liberado del tormento eterno del infierno. *"Pero muchos primeros serán postreros, y los postreros, primeros"* (Mateo 19:30).

Entonces él [el rico], *dando voces, dijo: Padre Abraham, ten misericordia de mí, y envía a Lázaro para que moje al punto de su dedo en agua, y refresque mi lengua; porque estoy atormentado en estas llamas. Pero Abraham le dijo: Hijo, acuérdate que recibiste tus bienes en tu vida, y Lázaro también males; pero ahora éste es consolado aquí, y tú atormentado. Además de todo esto, una gran sima está puesta entre nosotros y vosotros, de manera que los que quisieren pasar de aquí a vosotros, no pueden, ni de allá pasar acá.*

(Lucas 16:24–26)

Algunas personas se apegan tanto a sus pecados que crean una brecha entre ellos y Dios que parece virtualmente imposible cerrar. "*Profesan conocer a Dios, pero con sus hechos lo niegan, siendo abominables y rebeldes, reprobados en cuanto a toda buena obra*" (Tito 1:16). La mente de una persona está espiritualmente enferma que profesan conocer a Dios, pero sus acciones hacen todo lo que va contra su Palabra. Repito, la única oportunidad para reparar esta brecha es mientras estamos en la tierra, y solo si escuchamos y obedecemos la Palabra de Dios. El rico encontró esta verdad fuera en el duro camino en el punto de donde no se puede volver. No solamente no podía salvarse él, sino que también era demasiado tarde para advertirle a la familia.

Entonces le dijo: Te ruego, pues, padre, que le envíes a la casa de mi padre, porque tengo cinco hermanos, para que les testifique, a fin de que no vengan ellos también a este lugar de tormento. Y Abraham le dijo: Ä Moisés y a los profetas tienen, óiganlos. Él entonces le dijo: No, padre Abraham; pero si alguno fuere a ellos de entre los muertos, se arrepentirán. Más

> *Abraham le dijo: Si no oyen a Moisés y a los profetas, tampoco se persuadirán aunque alguno se levantare de los muertos.* (Lucas 16:27–31)

Cerrando la brecha

¿Que ve como el gran golfo entre usted y una oportunidad de recibir sanidad espiritual e integridad? ¿Qué lo mantiene alejado de la salvación o de renovar una correcta comunión con Dios? ¿Es la riqueza de este mundo? ¿Una relación mundana? ¿Falta de perdón? Cualesquiera que pueda ser el caso, cuando usted se arrepiente sinceramente (se vuelve de sus viejos caminos y acepta los caminos de Dios) y nace de nuevo, la sangre del sacrificio de Jesús en la cruz, lo limpiará—como si nunca hubiera pecado.

> *Porque la paga del pecado es muerte, mas la dádiva de Dios es vida eternal en Cristo Jesús Señor nuestro.* (Romanos 6:23)

> *Si decimos que tenemos comunión con Él, y andamos en tinieblas, mentimos, y no practicamos la verdad; pero si andamos en luz, como Él está en luz, tenemos comunión unos con otros, y la sangre de Jesucristo su Hijo nos limpia de todo pecado. Si decimos que no tenemos pecado, nos engañamos a nosotros mismos, y la verdad no está en nosotros. Si confesamos nuestros pecados, Él es fiel y justo para perdonar nuestros pecados, y limpiarnos de toda maldad.* (1 Juan 1:6–9)

El engaño del infierno nos envuelve en nuestros problemas que nos encontramos nosotros mismos operando en "las obras de la carne", hacienda cosas que comúnmente no haríamos si estuviéramos operando en el Espíritu:

> *Y manifiestas son las obras de la carne, que son: adulterio, fornicación, inmundicia, lascivia, idolatría, hechicerías, enemistades, pleitos, celos, iras, contiendas, disensiones, herejías, envidias, homicidios, borracheras, orgías, y cosas semejantes a estas; acerca de las cuales os amonesto, como ya lo he dicho antes, que los que practican tales cosas no heredarán el reino de Dios. Más el fruto del Espíritu es amor, gozo, paz, paciencia, benignidad, bondad, fe, mansedumbre, templanza; contra tales cosas no hay ley. Pero los que son de Cristo han crucificado la carne con sus pasiones y deseos.*
>
> (Gálatas 5:19–24)

Dios quiere que sepamos que Él nos ama y a nuestras familias, y que quiere que confiemos en Él. Él espera mostrar su poder por medio de usted. El día que recibí el Espíritu Santo de Dios, todo mundo estaba gritando y alabando a Dios. El Espíritu me guió para ir al hospital a orar por un hombre que estaba en cuidados intensivos. Entré a la sala que Dios me guió, y allí estaba un hombre muriendo, con una tienda de oxígeno alrededor de su cama. Retiré la tienda de oxígeno y le dije: "Usted se va a ir al infierno si muere". Esto fue antes que Dios me mostrara en revelaciones el infierno.

Él espera mostrar su poder por medio de usted.

El hombre quería conocer el camino de la salvación, por lo que conduje al Señor allí mismo. Salí del hospital, y unos pocos días más tarde, recibí una llamada telefónica de este hombre. Él quería ir conmigo a la iglesia. Cuando llegamos a la iglesia, el pastor le permitió que diera su testimonio.

"Iglesia", dijo él. "Quiero agradecer a Dios por enviar a esta mujer al hospital para que orara por mí. Había estado en ese hospital durante 109 días. Y tenía solo cinco minutos de vida cuando ella vino y me mostró camino de la salvación". Es bueno poner atención al Espíritu Santo. Dios sentado en el trono. Él es un milagro de la obra de Dios, y Él no muestra parcialidad. Nunca rehúse orar por una persona solo porque usted no piensa que él o ella está en un nivel de espiritualidad que siente sea necesario o merecedor de oración. ¡Su oración puede ser el conducto para la salvación de esa persona! Jesús dijo: "*Los sanos no tienen necesidad de médico, sino los enfermos. No he venido a llamar a justos, sino a pecadores*" (Marcos 2:17) y "*para que seáis hijos de vuestro Padre* [Dios] *que está en los cielos, que hace salir su sol sobre malos y buenos, y que hace llover sobre justos e injustos*" (Mateo 5:45).

Muerte espiritual contra vida espiritual

En el libro de Romanos, el apóstol Pablo fija el contraste y elección entre la muerte espiritual y la vida espiritual:

> *Porque los que son de la carne piensan en las cosas de la carne; pero los que son del Espíritu, en las cosas del Espíritu. Porque el ocuparse de la carne es muerte, pero el ocuparse del Espíritu es vida y paz. Por cuanto los designios de la carne son enemistad contra Dios; porque no se sujetan a la ley de Dios, ni tampoco pueden; y los que viven según la carne no pueden agradar a Dios. Más vosotros no vivís según la carne, sino según el Espíritu, si es que el Espíritu de Dios mora en*

> *vosotros. Y si alguno no tiene el Espíritu de Cristo, no es de él. Pero si Cristo está en vosotros, el cuerpo en verdad está muerto a causa del pecado, más el espíritu vive a causa de la justicia. Y el Espíritu de aquél que levantó de los muertos a Jesús mora en vosotros, el que levantó de los muertos a Cristo Jesús vivificará también vuestros cuerpos mortales por su Espíritu que mora en vosotros.* (Romanos 8:5–11)

¿Ha recibido usted sanidad espiritual y vida por medio de Cristo? ¿Por quién está viviendo usted? ¿Cuál es el enfoque de su vida? Así como Dios le dio a los israelitas una elección, nos da a nosotros una elección mientras vivimos en esta tierra:

> *A los cielos y a la tierra llamo por testigos hoy contra vosotros, que os he puesto delante la vida y la muerte, la bendición y la maldición; escoge, pues, la vida, para que vivas tú y tu descendencia; amando a Jehová tu Dios, atendiendo a su voz, y siguiéndole a Él; porque Él es vida para ti, y prolongación de tus días; a fin de que habites sobre la tierra que juró Jehová a tus padres, Abraham, Isaac y Jacob, que les había de dar.*
> (Deuteronomio 30:19–20)

Capítulo 4

Sanidad para el alma, parte 1

Tú guardarás en completa paz a aquél cuyo pensamiento en ti persevere; porque en ti ha confiado.
—Isaías 26:3

Además de sanidad espiritual, la salvación de Cristo provee sanidad para nuestras almas. El alma consiste de la mente, voluntad, y emociones, por tanto, sanidad para el alma se refiere a integridad en los pensamientos de uno, en la habilidad de uno para elegir lo que es correcto y hacer decisiones sabias, y en la vida emocional de uno. El versículo de arriba, así como los versículos que siguen, muestran el deseo de Dios de darnos paz, comodidad, y la seguridad de su dirección.

> *Fíate de Jehová de todo tu corazón, y no te apoyes en tu propia prudencia. Reconócelo todos tus caminos, y Él enderezará tus veredas.* (Proverbios 3:5–6)

> *A consolar a todos los enlutados; a ordenar que a los afligidos de Sión se les dé gloria en lugar de ceniza,*

óleo de gozo en lugar de luto, manto de alegría en lugar del espíritu angustiado; y serán llamados árboles de justicia, plantío de Jehová para gloria suya.

(Isaías 61:2–3)

Porque no nos ha dado Dios espíritu de cobardía, sino de poder, de amor y de dominio propio.

(2 Timoteo 1:7)

¿Está ardiendo su vida?

Hace años, mientras manejaba mi carro de regreso casa, note un bramante fuego en el bosque cerca de una milla de mi casa. Eventualmente el fuego llegó tan cerca del camino justo fuera de nuestra casa, y mi esposo gritó: "¡Tenemos que sacar todo de la casa! El fuego se está acercando". Yo respondí: "Oh, no. ¡El diablo no va a tomar lo que Dios nos ha dado!" Todos los vecinos empezaron a sacar nuestras pertenencias de la casa, pero yo los detuve. "Miren", les expliqué. "Yo creo en el Dios de los milagros, y yo creo que Dios puede retirar el fuego. ¿No lo creen?" Ellos contestaron: "No lo sabemos, pero vamos a levantar las manos y orar".

Orábamos y atábamos al diablo y en el nombre de Jesús empecé a rechazar ese fuego. Todos los hombres afuera empezaron a gritar. Era como si una mano invisible había bajado de repente y empujado ese fuego a la tierra, ¡y se fue! Esto no implica que usted debe evitar las evacuaciones durante un fuego forestal u otra catástrofe natural. Haga lo que Dios le dice que haga. Sin embargo, este incidente sirve como una recordación de que no importa la situación en que estemos, debemos tener fe y saber que Dios tiene presente para nuestro mejor interés. Sin importar las circunstancias, debemos aferrarnos de la Palabra del Señor.

El que habita al abrigo del Altísimo morará bajo la sombra del Omnipotente. Diré yo a Jehová: Esperanza mía, y castillo mío; mi Dios, en quien confiaré. Él te librará del lazo del cazador, de la peste destructora.... No temerás el terror nocturno, ni saeta que vuele de día, ni pestilencia que ande en oscuridad, ni mortandad que en medio del día destruya. Caerán a tu lado mil, y diez mil a tu diestra; más a ti no llegará.

(Salmo 91:1–3, 5–7)

Algunas veces, cuando los que están alrededor de usted están aterrorizados, debe recordarles la Palabra de Dios. Aun si usted tuviera miedo, mientras aplica la Palabra de Dios a su situación, Él reemplazará el traicionero infierno de la vida con concentración y paz.

¿A qué se está usted enfrentando actualmente que lo hace sentirse como si su vida se estuviera quemando? Cualquier cosa que sea, entréguelo a Dios y Él le restaurará la vida. Algunas veces, la vida puede tratar un viento traicionero que no podemos entender cómo podremos levantarnos y vivir de nuevo. Cuando usted en la lucha de su vida, solo tiene dos opciones: (1) pelear y perseverar hasta que gane, o (2) rendirse derrotado. Pelear espiritualmente significa declararle al diablo que él ya no puede tenerlo a usted, su paz, su salud y su familia. Cualquiera que sea el caso, *"Jehová dará poder a su pueblo; Jehová bendecirá a su pueblo con paz"* (Salmo 29:11).

Salud emocional y salud física

La salud emocional, al igual que la integridad espiritual, pueden llevarlo a la sanidad física o evitar que ocurra la enfermedad. Proverbios 18:14 dice: *"El ánimo del hombre soportará su enfermedad; mas ¿quién soportará el ánimo angustiado ["quebrantado",* LBLA*]?"*. Cuando el espíritu de un individuo es fuerte y sujetado al Señor, él o ella está más apto para continuar luchando por sanidad. Sin embargo, una vez que el espíritu está herido, la fortaleza física también puede ser afectada negativamente—o viceversa. Cuando una persona tiene emociones heridas, el deseo de mantener la fortaleza física y participar en la vida pueden a menudo tomar un segundo plano en el dolor interno que está sufriendo el individuo. Para alguien cuyo espíritu está profundamente herido, una enfermedad puede ser inaguantable.

En una época o en otra, la mayoría de nosotros hemos estado en un lugar, donde pareciera como si tanto físicamente o mentalmente fuéramos capaces de continuar. Rendirse pareciera una alternativa mucho mejor a continuar sufriendo en las mismas condiciones. Sin embargo, algo sucede dentro de nosotros, para encender la chispa de nuestra voluntad para continuar luchando y no rendirse. Pablo escribió que *"Dios consuela a los humildes"* (2 Corintios 7:6). Si son las palabras de ánimo de un sermón, la oración de los amigos y seres queridos o la lectura de la Palabra de Dios, se nos anima, consuela y recuerda del poder de la fe.

Jesús dijo: *"Sino que si a este monte dijereis: Quítate y échate en el mar, será hecho"* (Mateo 21:21). Esta asombrosa revelación del poder de la fe a menudo es la que nos conduce a aquellos con enfermedades terminales tantos resultados milagrosos como sanidades completas. Cuando los individuos se proponen en sus mentes que van a creer en el Señor de todo corazón y con toda su alma, nada es capaz de levantarse en el camino de su sanidad.

A menudo, lo más saludable para nuestras almas son lo más sano que estemos físicamente. La Biblia nos cuenta de hombres y mujeres cuyas heridas emocionales se enseñorearon de su bienestar físico. En el libro de 1 Samuel, leemos acerca de Ana que estaba angustiada por la falta de habilidad para tener hijos y de las provocaciones de su rival a tal punto que ya no comía.

A menudo, mientras más saludables están nuestras almas, más saludables estamos físicamente.

Hubo un varón de Ramataim de Zofim, del monte de Efraín, que se llamaba Elcana hijo de Jeroham, hijo de Eliú, hijo de Tohu, hijo de Zuf, efrateo. Y tenía él dos mujeres; el nombre de una era Ana, y el de la otra, Penina. Y Penina tenía hijos, más Ana no los tenía.... Y su rival la irritaba, enojándola y entristeciéndola, porque Jehová no le había concedido tener hijos. Así hacía cada año; cuando subía a la casa de Jehová, la irritaba así; por lo cual Ana lloraba, y no comía....Ella con amargura de alma oró a Jehová, y lloró abundantemente. E hizo voto, diciendo: Jehová de los ejércitos, si te dignares mirar a la aflicción de tu sierva, y te acordares de mí, y no te olvidares de tu sierva, sino que dieres a tu sierva un hijo varón, yo lo dedicaré a Jehová todos los días de su vida, y no pasará navaja sobre su cabeza. Mientras ella oraba largamente delante de Jehová, Elí estaba observando la boca de ella. Pero Ana hablaba en su corazón, y solamente se movían sus labios, y su voz no se oía; y Elí la tuvo por ebria. Entonces le dijo Elí: ¿Hasta cuándo estarás ebria? Digiere tu vino. Y Ana le respondió diciendo: No, señor mío; yo soy una mujer atribulada de espíritu; no he bebido vino ni sidra, sino que he derramado mi alma delante de Jehová. No tengas a tu sierva por una mujer impía; porque por la magnitud de mis congojas y de mi aflicción he hablado hasta ahora. Elí le respondió: Ve en paz, y el Dios de Israel te otorgue la petición que le has hecho. Y ella dijo: Halle tu sierva gracia delante de tus ojos. Y se fue la mujer por su camino, y comió, y no estuvo más triste. Y levantándose de mañana, adoraron delante de Jehová, y volvieron y fueron a su casa en Ramá. Y Elcana se llegó a Ana su mujer, y Jehová se acordó de ella. Aconteció que al cumplirse el tiempo después de haber concebido Ana, dio a luz un hijo, y le puso por nombre Samuel, diciendo: Por cuanto lo pedí a Jehová.

(1 Samuel 1:1–2, 6–7, 10–20)

Cuando Ana recibió consuelo y paz en la promesa de Dios por sus emociones, su semblante cambió, y reanudó las comidas y cuidó de ella misma. Ella creyó la promesa de bendición de Dios que le dio por medio de Elí y recibió la respuesta a su oración.

Sanidad de cicatrices emocionales

El Padre celestial desea sanar las heridas y cicatrices de su pasado. El obispo George Bloomer da el siguiente relato de un sueño espiritual que él tuvo en el cual Dios le reveló una herida emocional de su pasado del cual nunca trató completamente.

Esperando por sanidad

"Yo estaba en ayunas, y después de seis días de estar hambriento y frustrado, cuando el tiempo parecía estar bajando, recuerdo que estaba pensando para mí mismo,

No estoy yendo a ninguna parte. Caí en la cuenta que debía continuar ayunando por la iglesia y no para mí en lo personal. Fui al refrigerador y rompí mi ayuno sacando varias cucharadas de Helado de Crema de Mantequilla Pecan de Edy y me lo tragué con lecha fría del pote. Mirando sobre mis hombres en ambas direcciones para ver si había algo que llevar a mi boca, miré un Pastel de Café Crumb de Entenmann. Alcancé el pastel y corté un pedazo y me lo comí. De repente tuve dolores agudos abdominales. Arrepintiéndome en alta voz, supliqué a Dios que me aliviara el dolor. Yo pensé que Dios me estaba castigando por haber roto el ayuno. Mas tarde, sin embargo, aprendí que el dolor fue causado por la combinación del helado y la leche fría que chocaron en mi estómago vacío, donde no había estado nada por seis días. Me fui al sillón y me dormí.

"Tuve un sueño que estaba en la sala de emergencia del área de espera del hospital, junto con otras personas. Usted puede pensar que lo que yo soñé estaba inspirada en la cantidad de azúcar o el dolor abdominal, pero yo creo que fue un verdadero sueño espiritual por la revelación que me dio. En esta sala de espera, música fastidiosa salía del alto parlante del elevador. Cuando miré alrededor. Pude ver lo que estaba malo físicamente con cada uno de los que estaban sentados y esperando ser llamados.

"Algunas personas habían perdido miembros, mientras que otros habían perdido ojos, brazos, o dedos de los pies. Sin embargo, no había nada malo conmigo, yo estaba completo. Yo pensé para mis adentros: *¿Que estoy hacienda aquí?* Un hombre estaba sentado junto a mí, quien había perdido su brazo derecho y sostenía con su brazo izquierdo el brazo dañado. Me miró y me preguntó: '¿Por qué está usted aquí?' Yo le contesté: 'No sé'. Y le regresé la pregunta:

'¿Por qué está usted aquí?' Él respondió: 'Este es el lugar de reparaciones de emergencia', y levantó su brazo dañado y dijo: 'Estoy aquí para que cosan esto en su lugar de nuevo'.

"Por el alto parlante y con la música todavía tocando, una mujer estuvo llamando números. A medida que ella llamada, los números aparecían sobre los individuos que esperaban. Todos tenían un número, excepto yo. Luego oí a ella decir; 'Numero nueve', pero nadie contestó. Una mujer me miró y me preguntó: '¿Va usted a contestar o se va a mantener sentado? O contesta o me deja ir en su lugar'. Me fijé en mí y miré el número nueve sobre mí. ¡Yo era el número nueve!

"Caminé hacia atrás y la atmósfera cambió. Estaba más oscura y la música había parado. Caminé para pasar a una sala donde un médico varón estaba cosiendo miembros—un brazo, una nariz, una oreja. Continué caminando y ví otro hombre cosiendo plumas en alas de las espaldas las que había sacado de una caja que leía: 'Este lado arriba' y 'Producto de los Molinos del Cielo'. Enfermeras con mascarillas entraban y llevaban las alas a otro médico que ponía las alas en las espaldas. Cuando y le pregunté: '¿Que esta hacienda?', el médico me contestó: 'Estoy cosiendo las plumas de atrás en las alas de los ángeles que fueron heridos en combate a favor de ustedes contra las fuerzas satánicas'. Luego fui a mi médico y le pregunté: '¿Que estoy hacienda aquí? Soy la única persona *completa* aquí. No he perdido nada'. Me miró y dijo: 'Tú estás roto también. Has perdido a tu padre. Tu padre fue tomado de tí, pero este es el lugar de reparaciones. La razón por la que has estado volando tan bajo y no has sido capaz de tomar altitud es por el quebrantamiento'.

"Desperté entonces, llorando frenéticamente, y este sueño me perturbó por largo tiempo. Había necesitado ser reparado desde la edad de nueve años, sin embargo, no lo recibí sino hasta la edad de treinta y dos. La Escritura dice: '*Antes bien los miembros del cuerpo que parecen más débiles, son los más necesarios; y a aquellos del cuerpo que nos parecen menos dignos, a éstos vestiremos más dignamente; y a los que en nosotros son menos decorosos, se tratan con más decoro*' (1 Corintios 12:22–23). Los miembros del cuerpo que algunas veces desechamos porque no los vemos que sean significantes. De igual manera, en mi visión, la parte mía que necesitaba remiendo no estaba visiblemente representada en la sala de emergencia. Yo no estaba consciente de mi propio quebrantamiento. Mi interés era: *¿Que estoy hacienda aquí, viendo que yo soy complete y ellos rotos?*

"Cuando mi padre había sido tomado de mí fue como si una parte de mí se había perdido. En Cristo, Dios me había dado provisión para 'volar alto', espiritualmente hablando, sin restricciones. Sin embargo, el quebrantamiento emocional que yo había estado experimentando por años me estaba causando vivir en 'baja altitud', o en vitalidad espiritual disminuida y sin utilidad.

> *"Cuando yo saliera de la 'sala de emergencia espiritual', yo 'volaría' a una altura que estaba proféticamente designada para mí".*

"Después de recibir la visión, me dije para mí mismo de la dura realidad de como la pérdida de mi padre me había afectado. Me golpeé duro en mis emociones y un *silencio* a gritos hizo eco. Parecía que yo estaba consciente de lo que me rodeaba. Podía oír el suave zumbido del refrigerador y movimientos en el piso de arriba de mi casa. Ese tipo de quietud era demasiado ruidoso para mí angustia. Sin embargo, para que Dios me diera una revelación y tomarme de la mano y admitirme en su hospital era maravilloso. Él me dio la seguridad que cuando saliera de la 'sala de emergencia espiritual', yo, por primera vez, 'volaría' a una altura que estaba proféticamente designada para mí. Eso también, era un pensamiento increíble.

"Estoy sanado ahora. Sin embargo, a veces tengo momento cuando sueño despierto y me pregunto qué clase de vida hubiera tenido y cuan maravillosa pudo haber sido mi niñez si no hubiera perdido esa 'parte' de mí mismo—mi padre. Cuando enfrentemos esa añoranzas naturales, recordemos estas verdades:

> *Padre de huérfanos y defensor de viudas es Dios en su santa morada. Dios hace habitar en familia a los desamparados; saca a los cautivos a prosperidad.*
> (Salmo 68:5–6)

> *Bendito sea el Dios y Padre de nuestro Señor Jesucristo, Padre de misericordias y Dios de toda consolación, el cual nos consuela en todas nuestras tribulaciones, para que podamos también nosotros consolar a los que están en cualquier tribulación, por medio de la consolación con que nosotros somos consolados por Dios.*
> (2 Corintios 1:3–4)

"El Señor también en otros sueños ha tratado conmigo sobre el crecimiento personal y cicatrices emocionales. Hace años, mantuve un sueño recurrente en el cual yo me despertaba en el salón de clases al que había asistido cuando niño. La misma maestra estaba allí y preguntaba: '¿Que trajo usted a clase hoy?' En el sueño, yo crecía y no podía acomodar mis piernas debajo del pupitre. Me tomó años entender que Dios me estaba diciendo que había cosas en mi vida que necesitaba completar.

"Por ejemplo, hace años cuando estaba escribiendo un libro, Dios comenzó a tratar conmigo sobre un muchacho pequeño que todavía vivía dentro de mi marco adulto. Yo estaba sorprendido de aprender que con todos los obstáculos que ya había vencido, y todo el éxito que se me había permitido experimentar, estaba todavía llevando una carga que estabas afectando mi crecimiento espiritual. Yo tenía necesidad de sanidad de las cosas de mi pasado—cosas que ultimadamente se derramaron dentro de mi bienestar físico y mental.

"Dios me tomó por medio de una visión en la cual me permitió ver mi aun pequeño marco atrapado dentro de mi cuerpo adulto. Desde ese momento en adelante, yo comencé a buscarlo a Él para sanidad completa, perdonando a aquellos de mi pasado de sus errores y perdonándome a mí mismo por las cosas que hice a mi propia vida. Después de ir a través de este proceso de sanidad, sentí que mi ministerio se catapultó a un nuevo nivel en Dios y me sentí libre de las muchas cosas que habían plagado continuamente mi pasado. Esta sanidad del alma se agotó públicamente a medida que los que me rodeaban notaban que y o había llegado a ser mas controlado y menos perturbado y que había recibido una unción aun más grande a medida que continuaba predicando la Palabra de Dios.

"La gente puede consolarlo a usted, pero solo Dios puede traerle la sanidad".

Deje que Dios lo conduzca a la libertad

Mucha gente quiere ser libre, pero sencillamente no saben por donde empezar. Comience con Dios y deje que

Él lo dirija hacia el camino de la libertad. Muchos que han estado en la iglesia por algún tiempo han oído declaraciones similares a esta tantas veces que casi les parece como un cliché, sin embargo, es una realidad. Dios es un Sanador. Aun cuando parece como si Él no escuchara, Él lo escucha. *"Amo a Jehová, pues ha oído mi voz y mis súplicas; porque ha inclinado a mí su oído; por tanto, le invocaré en todos mis días"* (Salmo 116:1–2). Dios no se apresura y se ansía como lo hacemos nosotros cuando estamos en crisis, pero eso no quiere decir que Él no se interesa por nuestras situaciones u obrando a nuestro favor. *"El Señor no retarda su promesa"* (2 Pedro 3:9).

> *Porque mis pensamientos no son vuestros pensamientos, ni vuestros caminos, mis caminos, dijo Jehová. Como son más altos los cielos que la tierra, así son mis caminos más altos que vuestros caminos, y mis pensamientos más que vuestros pensamientos.*
> (Isaías 55:8–9)

Dios no reacciona a nuestras crisis de la misma manera que reaccionamos nosotros porque Él ya conoce los resultados de ellos. *"Y antes que clamen, responderé yo; mientras aún hablan, yo habré oído"* (Isaías 65:24).

> *Porque yo soy Dios, y no hay otro Dios, y nada hay semejante a mí, que anuncio lo porvenir desde el principio, y desde la antigüedad lo que aún no era hecho; que digo: mi consejo permanecerá, y haré todo lo que quiero.* (Isaías 46:9–10)

Sí, Dios está interesado en su situación, que es por lo que Él ya trajo sanidad a eso y antes de eso aun comenzó a manifestarse. *"Y por su llaga **fuimos** nosotros curados"* (Isaías 53:5, énfasis agregado). Debemos tener la misma perspectiva.

A Dios le preocupa su situación, y, ya ha obrado sanidad antes de que comenzara a manifestarse.

El diablo sabe que cuando rehusamos buscar a Dios y darle a Él las heridas del pasado, eso le da a la fortaleza demoníaca más ventaja para continuar recordándonos los dolorosos secretos de nuestro pasado. Por ejemplo, estudios prueban que aquellos que sufren de desorden de estrés post traumático (DEPT) sienten ansiedad, sufren de insomnio y se atemorizan fácilmente. El Instituto Nacional de Salud Mental (INSM) define el DEPT como un "desorden de ansiedad que puede desarrollarse después de exposición a un terrible acontecimiento o prueba rigurosa en la cual grava daños físicos ocurridos o fue acosado."[2] Porque la memoria del acontecimiento son tan horrorosas, las victimas que sufren de DEPT con frecuencia evitan cualquier cosa que pudiera remotamente recordarles el evento traumático. Entre tanto, el diablo continúa mofándose de ellos con la memoria de la ocasión.

Quizá su situación no es tan traumática como para invocar el DEPT, pero las memorias son todavía tan dolorosas que ellas evitan su sanidad y a acogerse al pleno gozo de la vida diaria, así como servir para Dios. El diablo quiere que usted viva dentro de las sombras de su pasado en vez de moverse más allá. Dios quiere que usted experimente gozo en la vida, no que se sienta maldito por ella. Jesús vino a dar

[2] Instituto Nacional de Salud Mental. Desorden de Estrés Post Traumático (DEPT), http://www.nimh.nih.gov/health/topics/post-traumatic-stress-disorder-ptsd/index.shtml.

libertad a los cautivos. (Véase Lucas 4:18). Pida el perdón a Dios por sus faltas pasadas. Y donde quiera que comience a sentir culpa de una situación sobre la cual no tiene control, inmediatamente debe reconocer esto como obra del diablo o de su propia mente traumatizada. Entrégueselo a Dios y comience a alabarlo y a agradecerle por su amor y paz.

Continúe en fe y en comunión con Dios, sin importarle de si las cosas parecen naturales. El diablo siempre utilizará su momento más vulnerable para susurrarle palabras de derrota, por lo que esté a su engaño, y mantenga su enfoque firme en Dios.

> *Mirad, pues, que hagáis como Jehová vuestro Dios os ha mandado; no os apartéis a diestra ni a siniestra. Andad en el todo el camino que Jehová vuestro Dios os ha mandado, para que viváis y os vaya bien, y tengáis largos días en la tierra que habéis de poseer.*
>
> (Deuteronomio 5:32–33)

Capítulo 5

Sanidad para el alma, parte 2

El sana a los quebrantados de corazón, y venda sus heridas.
—Salmo 147:3

Muchas personas luchan con las emociones y actitudes—tales como el temor, la ira, el dolor, y la depresión—que les obstaculiza de vivir la vida que Dios desea para ellos. Él quiere liberarlos de estas paralizantes emociones para que puedan cumplir sus propósitos dados por Dios.

Libertad del temor

Estuve ministrando en una iglesia en Maryland, y oré por una joven cuya madre es una líder espiritual en la iglesia. La joven inmediatamente escribió como Dios había tocado su vida de esa tarde, incluyendo estimulando a que dejara salir el temor y a confiar que Él siempre está con ella. He aquí un extracto de su testimonio:

> Mary K. Baxter predicó en nuestra reunión de Mujeres Virtuosas sobre la importancia de orar.

Al final, ella hizo un llamado al altar para las que quisieran un impartimento de unción para intercesión. Como diaconisa estuve haciendo el llamado al altar, controlando la larga línea de personas esperando para ser tocadas por Dios. Después que mi línea se terminó [un anciano] me preguntó si yo quería por oración. Yo no estaba segura si necesitaba ir para recibir ese don particular, por lo que le dijo, no. Esa noche, Mary había mencionado que este donde intercesión no era algo para tomarse a la ligera y que no era para aquellos que no quieren sacrificarse orando por otros. Dicho esto, yo realmente no estaba segura si este era un don que yo debía obtener. No había transcurrido ni un minuto, Mary Baxter y yo cruzamos la mirada, y ella me invitó al altar.

Me detuve frente a Mary y mi madre [quien estaba ministrando con ella], y Mary dijo que ella quería impartir algo dentro de mi vida. Mary puso sus manos en mí y dijo que miraba un ángel derramando aceite sobre mi cabeza y que estaba llenando mi cuerpo. Yo podía sentir la unción tangible de Dios por todo mi ser, y comencé a doblarme a medida que el sentimiento crecía más fuerte en mí. Ella llamó para la unción de intercesión—para predicar y evangelizar. Ella dijo que Dios quería usarme grandemente y que yo vería el cielo. Me arrodillé en el piso y lloré y lloré y nunca dije una palabra. Ella continuó diciéndome que Dios quería decirme cosas en la noche, algo que yo entendería, pero que las escribiera, las compartiera con mis padres, y que les pidiera a ellos por entendimiento.

[Mary y mi madre] ambas se alejaron de mí y terminaron orando por los pocos que quedaban en el altar. Yo continuaba arrodillada allí con una sensación de estremecimiento por todo el cuerpo. Me imagina que unos minutos más tarde mi madre vino de regreso a mí, se sentó en el escalón frente a mí y puso sus manos en mi cabeza. Fue como si ella vertiendo la unción en mi propio ser. Se sentía como si yo estuviera por estallar. Me estiré en este punto en un intento por llevar el sentimiento. Era como si mi cuerpo no pudiera aguantar más lo que ella estaba vertiendo sobre mí. Ella comenzó a decirme muchas cosas de Dios. "No tienes necesidad de termerle a Dios nunca. Dios está contigo donde quiera que vayas. Él nunca te dejará. Dios está siempre contigo. Cualquier cosa que Él te pida que hagas, nunca lo harás sola. Él siempre estará contigo, trabando contigo, nunca estarás sola", dijo mi madre. Comencé a llorar más solo de pensar cuanto he luchado con el temor durante toda mi vida y anhelando romper esa libertad. Ella comenzó a orar en lenguas sobre mi vida mientras yo rodaba en el piso clamando a Dios con gemidos que solo Dios podía entender.

Eventualmente ella se fue y yo me quedé tendida allí con mi cabeza en el escalón. Se sentía como si Dios estuviera haciendo una operación cerebral en mi mente....

Mientras estuve orando en el Espíritu, Dios comenzó a darme la interpretación de lo que estaba diciendo. Al principio traté de hacerlo en inglés pero no pude. Eventualmente, dije: "¡Es nuestro tiempo!" una y otra vez. Dios me dijo que era el tiempo para que las jóvenes se afirmaran en las cosas de Dios. Yo podía imaginarnos como jóvenes caminando por las calles como súper héroes, cumpliendo todo lo que Dios nos llamó a hacer, con señales y prodigios a seguir....

Él también me dijo que yo debo verter sobre las vidas de las jóvenes y decirles quienes son en Dios....Dios continuó hablándome y diciéndome: "No dejes que el enemigo entre en tu mente, en la puerta de tus pensamientos". Entendí que debía cuidar mi corazón y mente....

Estoy tan emocionada sobre lo que Dios tiene guardado para mi familia en el futuro. A pesar de lo que yo vea ahora, confío en Dios que todos nosotros cumpliremos nuestro potencial don dado por Dios.

La sanidad para nuestras almas conlleva una renovación de nuestros pensamientos y actitudes que provienen de actitudes negativas, para que así podamos responder a Dios en amor y confianza.

"Porque no nos ha dado Dios espíritu de cobardía, sino de poder, de amor y de dominio propio" (2 Timoteo 2:1–7). Esta joven dijo que había sentido como si Dios estuviera haciendo "cirugía cerebral" en su mente y que supo que necesitaba cuidar su corazón y su mente de recibir y aceptar las mentiras y engaños del enemigo. Sanidad para nuestras almas involucra una renovación de nuestros pensamientos y actitudes de las actitudes negativas para que podamos responder a Dios en amor y fe. Las Escrituras dicen: "*No os conforméis a este siglo, sino transformaos por medio de la renovación de vuestro entendimiento, para que*

comprobéis cuál sea la buena volunta de Dios, agradable y perfecta" (Romanos 12:2). Renovamos nuestras mentes leyendo, estudiando y meditando en la Palabra de Dios.

Sanidad de relaciones

Una de las áreas en la cual somos más vulnerables para lastimar sentimientos y dañar emociones está en nuestra relación con los miembros de la familia. En el matrimonio, ambos parejas traen heridas de su pasado emocional—ambos conscientes o inconscientes—a la unión. Males de asuntos no resueltos del pasado pueden evitarles la experiencia de sanidad y reconciliación cuando los conflictos surgen entre ambos.

Cuando algunas personas se casan, esperan que su cónyuge permanezca igual después de treinta o cuarenta años de casados. La verdad del asunto es, aunque la gente permanezca igual en alguna manera, ellos también crecen y cambian a medida que van adquiriendo nuevos conocimientos y tienen más experiencia en la vida. Algunas veces, un cónyuge cambia de un modo más que el otro. Este crecimiento personal puede ser una acentuación bienvenida al matrimonio, pero en otro tiempo, esto podía parecer como un obstáculo. Un cónyuge pude parecer como que la persona con la que él o ella s casó "quedó rezagada", aunque ambos permanezcan bajo la misma casa.

Cuando los conflictos surgen por tales cambios, las parejas deben reconocerlos por lo que son y preguntarse: *¿Que tipo de cambio es este? ¿Qué lo inició? ¿Está teniendo un efecto negativo o positivo en el matrimonio, y por que?* Si somos honestos con nosotros mismos, debemos admitir que siempre hay una raíz de causa conectada a nuestras reacciones a ciertos comportamientos y ambientes. Nuestro crecimiento, o falta de ello, está relacionado con nuestra experiencia en la vida—las cosas por las que atravesamos, nuestras heridas y dolores, los buenos tiempos y los malos tiempos, y así sucesivamente. La única manera de llegar a la raíz de la causa, y recibir sanidad es siendo totalmente honestos en relación a los asuntos reales. Sin honestidad, realmente nosotros no rasgaríamos la superficie de los problemas actuales, sino solo una pérdida de tiempo.

Hace algún tiempo, el obispo Bloomer realizó una conferencia sobre el matrimonio en la cual la mitad de las parejas presentes habían experimentado crisis marital. En las líneas a continuación él describe como una pareja vino a entender la causa de la base de su problema matrimonial.

"Una mujer me preguntó por qué las mujeres continúan dejándose llevar por la misma cosa una y otra vez. Para contestarle su pregunta utilicé su propia vida como ejemplo. Ella me había compartido que antes de su matrimonio actual, ella había tenido dos hijos fuera del matrimonio, y que había sufrido de recurrente dolor emocional de su relación pasada.

"Yo le dije: 'Usted me contó que viene de una muy buena educación, con papa y mama en casa y que le enseñaron grandes valores, ¿correcto?'

"Respondió ella: 'Sí. Mamá nunca dejó a papa, y papa nunca dejó a mama, y ellos todavía siguen juntos en sus ochentas'.

"'Bien. Por tanto, ¿cuál fue su problema?'

"'Bueno, quizás fue el Diablo...'.

"'¿Pero no dijo usted que tuvo dos bebés fuera de matrimonio? ¿Qué sucedió la segunda vez?'

"'Sí, pero quizás fue solo el Diablo.... Él regresó más fuerte".

"La paré de nuevo: 'Mira, deja de mentirte a ti misma y di la verdad. ¿Qué estabas haciendo?'

"'Bueno, yo estaba saliendo allí, y estaba comprometida, yo sé que eso es malo, pero salí embarazada'.

"'¿Por qué?', le pregunté.

"'Porque el enemigo estaba peleando conmigo', respondió.

"'Di la verdad', la pare por última vez. 'Los hiciste porque lo disfrutabas, y porque lo sentías bien al momento que lo hacías'.

"'¡Oh!', respondió ella, como si entendiera esta verdad por primera vez. ¿Por qué supone usted que le llevó tanto tiempo comprender esto? Porque muchas iglesias tienden a endulzar las cosas, ocultándola bajo la alfombra, o culpando al diablo de lo que nosotros mismos tenemos control. Pasamos el tiempo mintiéndonos y siendo llevado a posteriores ataduras, especialmente cuando se relacionan con asuntos de sexo—asuntos que a menudo también son 'tabúes' para discutirlos en círculos religiosos.

"Así que, discutámoslo. ¿Por qué es tan bueno el sexo? Es bueno porque Dios lo hizo, y en cualquier tiempo Dios hace alguna cosa, nada más se puede comparar con eso. Sin embargo, cuando se distorsiona o se manipula para usos paganos, viene a ser la atadura del peor tipo. ¡Le guste o no, esa es la verdad! Cuando usted se une en sagrado matrimonio, es una bendición, pero cuando se juntan fuera del matrimonio, se convierte en una maldición. Es duro para muchas parejas no casadas romper con eso porque es la 'fruta prohibida'. La tentación alimenta el deseo—y la atadura. Cuando yo les digo a las personas la verdad relacionada con el verdadero asunto, a menudo quieren volar, sin embargo, la liberación y la sanidad pueden tener lugar solamente con el primer descubrimiento de la raíz de la causa.

"La misma mujer de quien había estado hablando, comenzó a hablar de su esposo, que estaba sentado junto a ella. 'Yo oro por mi marido todo el tiempo porque él tan bueno, paciente y comprensivo'.

"La corregí de nuevo. 'No, él no lo es. Él no es la persona que usted dice que es. Él lo que es, es un comodín. Él es un comodín porque no quiere arrancarle sus plumas. Por lo que él se acomoda al control de usted'.

"Ella respondió: 'Bien, sentí eso unas pocas veces'.

"'Por tanto, si usted sintió eso, ¿por qué no se detuvo? Lo que usted realmente quería es que yo le confirmara su estilo de manejarlo'.

"Su matrimonio estaba desesperadamente necesitando sanidad. Así que, puse mis manos sobre ellos y oré por ambos. Antes de que se fueran a casa, el esposo me dijo: 'Aparte de todas las conferencias, ésta fue la mejor en que he testado en mi vida. Dios me ministró verdaderamente'.

"Yo le pregunté: '¿De qué le ministró Dios?'

"'Yo pensaba que si solo me mantenía tranquilo y la dejaba hacer lo que quisiera sin decir nada, entonces se mantendría la paz. Vivimos en una bonita casa y ganamos bien, pero el dinero se esfuma como usted no lo creería. Pagué la casa, y compré propiedades para rentar, y hay más dinero llegando, pero ¿creería usted que cada mes corremos tratando de encontrar dinero para la gasolina?' Él continuó: 'Pero después de hoy, voy a tomar autoridad'.

"Yo le advertí: 'No solo "tome autoridad" porque yo lo digo. Asegúrese que está escuchando de Dios'.

"'Oh, no', explicó él. 'Eso empezó desde antes que fuéramos a la iglesia, por eso es que estamos aquí. Arrimé el carro a un lado de la carretera y tuvimos una conversación. Y usted lo confirmó hoy'.

"No hay razón para que alguien que hace tanto dinero tenga que correr arañando para conseguir dinero para gasolina. Pero Dios había visto el clamor de corazón del marido y había comenzado su obra antes que yo hubiera dicho algo a los dos en el segmento de la conferencia sobre matrimonio. Le expliqué a él que no necesitaba tratarla con fuerza o fastidiarla. Que Él solo necesitaba moverse en una posición para la sanidad de ella. A medida que él estaba siendo sanado, ella también, necesitaba sanidad. Ella estaba persiguiendo una imagen para su vida que no existía, y estaba matando su matrimonio.

"Días más tarde, la esposa me llamó y confesó: 'Obispo, va a ser duro, pero sé que he estado manteniendo cosas en el matrimonio'. Finalmente, ambos estuvieron en el camino de la sanidad, pero primero tuvieron que oír la verdad".

Un compromiso al crecimiento personal

A esta pareja le fueron abiertos los ojos a la sanidad emocional que necesitaban para su matrimonio. Muchos de nosotros estamos emocionalmente insanos porque hemos hecho una decisión de *no* cambiar o hemos decidido defender nuestras actitudes o acciones. Muchas veces, cuando los pastores y evangelistas se dirigen a las congregaciones como un todo, hay una cantidad de personas que toman ciertas cosas que dicen muy personalmente. Por ejemplo: Si un pastor está predicando acerca de las personas que constantemente están gastando el dinero en cosas que no pueden darse el lujo de gastar, alguien se sentirá como si a él o ella se está dirigiendo individualmente. De igual manera, si un pastor está hablando sobre un tópico como el abuso o la adicción, alguien puede sentirse ofendido y seguir con una carta de descontento o una llamada telefónica.

Cada uno de nosotros tenemos una sola combinación de experiencias. Los que han sufrido muchas heridas emocionales en el pasado pueden estallar impulsivamente en aquellos que ellos sienten los están atacando por todas partes de nuevo. Consecuentemente, algo que se ha dicho con interés de animar el crecimiento positivo de todo un grupo puede ser malinterpretado por aquellos que tienen heridas más profundas que aquellos que los rodean están enterados.

Tenemos que permanecer comprometidos a continuar el crecimiento a través de nuestras vidas. Siempre dejando espacio para sanidad y crecimiento por medio de confiar incondicionalmente en el Señor. Algunas personas van a la tienda de jardinería y buscan plantas que ya están crecidas, las que ellos pueden replantar. Pero a muchas personas les gusta mejor plantar las semillas. ¿Por qué? Ellas quieren ser parte del proceso de crecimiento. Pacientemente esperan que las semillas echen raíces y crezcan. Esto es lo que nosotros debemos hacer por la sanidad de nuestras almas.

Jesús conoce las cosas por las que vamos a atravesar en bases diarias. Él sufrió y murió en la cruz para que nosotros pudiéramos echar nuestros cuidados sobre Él, pues Él cuida de nosotros.

Humillaos, pues, bajo la poderosa mano de Dios, para que Él os exalte cuando fuere tiempo; echando toda vuestra ansiedad sobre Él, porque Él tiene cuidado de vosotros. Sed sobrios, y velad; porque vuestro adversario el diablo, como león rugiente, anda alrededor buscando a quien devorar; al cual resistid firmes en la fe, sabiendo que los mismos padecimientos se van cumpliendo en vuestros hermanos en todo el mundo. Más el Dios de toda gracia, que nos llamó a su gloria eterna en Jesucristo, después que hayáis padecido un poco de tiempo, Él mismo os perfeccione, afirme, fortalezca y establezca. (1 Pedro 5:6–10)

Jesús quiere que usted sepa hoy que Él escucha sus oraciones y que no hay nada demasiado difícil para Él.

Cuando estamos débiles, Dios envía su Espíritu y sus ángeles para hacernos fuertes. Aun cuando Jesús echó un vistazo de cuan terrible sería su muerte, Él insistió: "*Pero no se haga mi voluntad, sino la tuya*" (Lucas 22:42). Seguramente Jesús no tendría que atravesar por todo eso solo para que nosotros continuáramos sufriendo de dolor emocional como aquellos que no tienen alguna esperanza. Hay esperanza, y su nombre es Jesús—el único que murió por nosotros para que pudiéramos ser libres de las maldiciones del pecado y de la muerte. Jesús quiere que usted hoy sepa que Él escucha sus oraciones y que no hay nada difícil para Él. (Véase Isaías 59:1).

Sanidad del dolor

Una de las más difíciles emociones o estado de la mente para muchos es vencer el dolor. Cuando mi hijo murió, decidí cancelar todos mis compromisos y quedarme en casa, pero luego oí la voz del Señor que me decía: "Tú tampoco te puedes quedar en casa y llorar o ir a ganar almas y sanar enfermos por Mí". Decidí mantener mis compromisos y después que me había quedado dormido, tuve una visión de mi hijo confirmando que yo había hecho la decisión correcto. Cruzar por un período de dolor es un proceso normal en el trato con la pérdida de alguien a quien uno aprecia mucho, y debemos entender que cada persona, él o ella, sufre a su manera.

El diablo no siempre conoce los planes de Dios para nuestras vidas, pero él sabe que como hijos de Dios, tenemos el poder para liberar ángeles del Señor para que hagan su voluntad mientras nosotros ejercemos la fe y oración. Por consiguiente, el enemigo trata de mantenernos en estado de dolor por largos períodos de tiempo porque él sabe que en ese estado, no funcionará ninguna intercesión. Cuando la intercesión se detiene, la obra de Dios a nuestro favor está obstaculizada. Es para beneficio del enemigo mantenernos en una posición de lamento en vez de una posición de guerra. Yo creo que cuando la intercesión se detiene, los ángeles dejan de moverse. Las oportunidades se pierden porque muchos cristianos son demasiado fáciles de manipular a través de sus emociones. Por eso es tan importante tener cuidado a las tácticas del enemigo.

Quitando resistencia a la sanidad

Repito, es natural para nosotros, sentir la pérdida y el dolor del vacío que una vez llenó alguien a quien queríamos mucho. El mismo Jesús sufrió profundamente ante la muerte de Lázaro. Al tiempo de Jesús llegar hasta Lázaro, la tumba ya estaba sellada, pues Lázaro había muerto cuatro días antes. Sin embargo, Jesús ordenó que removieran la piedra. (Véase Juan 11:17–44).

Para nosotros, no es una piedra física la que bloquea nuestra resurrección espiritual sino una piedra mental que obstaculiza continuar con la vida después de la realidad de la partida de nuestros seres queridos. Ponemos una muralla que nos evita conocer el hecho de que la muerte ha tomado lugar, consecuentemente, podemos pasar el resto de nuestras vidas paralizados en el punto de la muerte. Aun cuando no lo comprendemos, nuestras mentes y emociones permanecen en el lugar donde nuestros seres queridos yacen. Vamos a través del movimiento de la vida, pero somos muertos andando. Las murallas que nosotros nos pusimos evitan que se discutan tales asuntos sensitivos como la muerte. Andamos de puntillas alrededor de alguien que realmente ha muerto en vez de reconocer como nos sentimos realmente.

Sin embargo, así como Jesús ordenó quitar la piedra física de la tumba de Lázaro, nosotros podemos ordenar en el nombre de Jesús, que la piedra que no nos permite cruzar el proceso del dolor, se a removida, para que la sanidad pueda tomar lugar en nuestras vidas. Reconocer la tristeza no es señal de debilidad, por el contrario, es el principio de la sanidad.

Jesús no fue disuadido por la muerte de Lázaro, sino que insistió: "*¿No te he dicho que si crees, verás la gloria de Dios?*" (Juan 11:40). ¿Cuándo dejará usted que la gloria de Dios de nuevo sea completa en su vida? ¿Cómo se sentirían sus seres queridos si supieran que cuando murieron, usted murió junto con ellos? ¿No estarían adoloridos? ¿No le demandarían a usted que los deje vivir eternamente en paz con

Dios mientras usted continua viviendo pacíficamente su vida en la tierra, reconociendo que Jesús prometió: "*Yo soy la resurrección y la vida*" (versículo 25) y que ellos se levantarán de nuevo? Encuentre la paz manteniendo su mente enfocada en otras de las promesas de Jesús: "*Bienaventurados los que lloran, porque ellos recibirán consolación*" (Mateo 5:4). Leemos en los salmos: "*Él sana a los quebrantados de corazón, y venda sus heridas*" (Salmo 147:3).

No hay reemplazo para los seres queridos que echamos de menos entrañablemente. Sin embargo, si mantenemos nuestra fe en Dios y continuamos permaneciendo de verdad en Él, las penas serán muchos llevaderas, y Dios nos sustentará.

Llevando sanidad a otros que sufren

Una presencia consoladora

Dios quiere que nosotros consolemos a otros en su dolor, así como Él nos consuela a nosotros. "*Que podamos también nosotros consolar a los que están en cualquier tribulación, por medio de la consolación con que nosotros somos consolados por Dios*" (2 Corintios 1:4). Podemos ayudar a otros a encontrar sanidad ministrándoles con corazones sensibles. Deberíamos seguir el ejemplo de Jesús y consolar a otros con la Palabra de Dios o simplemente dejarles saber que seremos parte de un sistema de apoyo para ellos en sus tiempos de necesidad.

Las palabras no siempre pueden llevar consuelo en tales momentos, pero el solo saber que alguien está allí con ellos puede llevar a la gente mucha paz. Lo peor que pudiera sucederle es a las personas que sufren es estar continuamente rodeadas de influencias que las angustian aun más.

Esta fue la experiencia de Job una persona más cercana a él—su esposa—le reclamó, después que habían perdido a todos sus hijos y todo lo que poseían: "*¿Aún retienes tu integridad? Maldice a Dios, y muérete*" (Job 2:9). Maldecir a Dios era lo último que Job necesitaba hacer en medio de su crisis. De nuevo, la mejor manera de ayudar a una persona que está en sufrimiento a menudo es solo estimular a él o ella con su presencia. Cuando los amigos de Job primero oyeron de su pérdida, dejaron de hacer lo que estaban haciendo e inmediatamente fueron al lado de Job.

La mejor manera de ayudar a una persona que está en sufrimiento a menudo es solo estimular a él o ella con su presencia.

> *Y tres amigos de Job, Elifaz temanita, Bildad suhita, y Zofar naamatita, luego que oyeron todo este mal que le había sobrevenido, vinieron cada uno de su lugar; porque habían convenido en venir juntos para condolerse de él y para consolarle. Los cuales, alzando los ojos desde lejos, no lo conocieron, y lloraron a gritos; y cada uno de ellos rasgó su manto, y los tres esparcieron polvo sobre sus cabezas hacia el cielo. Así se sentaron con él en tierra por siete días y siete noches, y ninguno le hablaba palabra, porque veían que su dolor era muy grande.* (Job 2:11–13)

Las influencias negativas durante el sufrimiento pueden tomar la forma de espíritus demoníacos que atacan con pensamientos atormentadores o seres humanos que vomitan negativamente en vez de hablar palabras de ánimo. Esto es lo que eventualmente le sucedió a Job. Al principio, los tres amigos de Job tuvieron las mejores intenciones, pero la presencia de ellos mas adelante fue una carga para Job, Ellos empezaron a agravarle sus heridas en vez de suavizarlas. Lo acusar de pecar, aunque no podían aportar ninguna prueba de que él había pecado de la manera como ellos lo acusaban. Esto enfureció a Elihu, amigo de Job: *"Asimismo se encendió en ira contra sus tres amigos, porque no hallaban qué responder, aunque habían condenado a Job"* (Job 32:3). Job no necesitaba a los que estaban a su derrededor señalándole su supuesto pecado contra Dios o el fracaso de mostrarles la raíz de la causa del eventual descontento de Dios con él. Job no tenía culpa y Dios estaba enojado con Job por la manera en que estaba respondiendo a la tragedia de su vida.

Dios le preguntó a Job: *"¿Es sabiduría contender con el Omnipotente? El que disputa con Dios, responda a esto"* (Job 40:2). Y Job respondió: *"He aquí que yo soy vil; ¿qué te responderé? Mi mano pongo sobre mi boca"* (versículo 4). Mas adelante, Dios continúo su rechazo reprendiendo a los amigos de Job:

> *Aconteció que después que habló Jehová estas palabras a Job, Jehová dijo a Elifaz temanita: mi ira se encendió contra ti y tus dos compañeros; porque no habéis hablado de mí lo recto, como mi siervo Job. Ahora, pues, tomaos siete becerros y siete carneros, e id a mi siervo Job, y ofreced holocausto por vosotros, y mi siervo Job orará por vosotros; porque de cierto a él atenderé para no trataros afrentosamente, por cuanto no habéis hablado de mí con rectitud, como mi siervo Job.* (Job 42:7–8)

Repito, la última cosa que necesita un individuo que sufre es tener al lado de él o ella a alguien remarcándole los "pensamientos de Dios" sin importarle la tragedia de ese individuo, especialmente cuando la persona está dando un interpretación equivocada. Debemos dejar que la persona que ha experimentado la pérdida expresar su pena y trabajar en base a eso. Nunca anime a una persona que sufre a reprimir las lágrimas—recuerde, Jesús mismo lloró al conocer la noticia de la muerte de su amigo Lázaro. Hay tiempo para lamentar y que nuestras lágrimas sean significativas para Dios que lleva un registro de ellas. *"Pon mis lágrimas en tu redoma; ¿no están ellas en tu libro?"* (Salmo 56:8). Yo creo que Dios mantuvo un registro preciso de cada lágrima que Job derramó por su pérdida, y *"bendijo Jehová el postrer estado de Job más que el primero"* (Job 42:12).

Sensibilidad al enfrentarse con la pérdida

Nosotros algunas veces nos apresuramos a juzgar los métodos que otros usan para enfrentarse con una pérdida. En vez de eso, debemos permitirles que sufran a su propia manera mientras anhelan de Dios. Dependiendo de las circunstancias, David tuvo pesar por personas de diferentes maneras. Cuando el hijo de David murió, sus siervos le cuestionaron la manera de cómo se estaba conduciendo.

> *Más David, viendo a sus siervos hablar entre sí, entendió que el niño había muerto; por lo que dijo David a sus siervos: ¿Ha muerto el niño? Y ellos respondieron: Ha muerto. Entonces David se levantó de la tierra, y se lavó y se ungió, y cambió sus ropas, y entró a la casa de Jehová, y adoró. Después vino a su casa, y pidió, y le pusieron pan, y comió. Y le dijeron sus siervos: ¿Qué es esto que has hecho? Por el niño viviendo aún, ayunabas y llorabas; y muerto él, te levantaste y comiste pan.* (2 Samuel 12:19–21)

Los siervos fallaron en entender que esta es la manera de David de dejarlo ir para vivir. Él les respondió:

> *Viviendo aún el niño, yo ayunaba y oraba, diciendo: ¿Quién sabe si Dios tendrá compasión de mí, y vivirá el niño? Más ahora que ha muerto, ¿para qué he de ayunar? ¿Podré yo hacerle volver? Yo voy a él, más él no volverá a mí.* (2 Samuel 12:22–23)

Para los siervos, el sufrimiento de David era un retroceso al proceso. Ellos fallaron en entender que David encontró consuelo en el hecho de que aunque su hijo nunca volvería a él en la tierra, David lo vería de nuevo en el cielo.

En otra ocasión, David lloró la muerte del rey Saúl, así como la Jonatán, quien era hijo del rey y el mejor amigo de David:

> *Entonces David, asiendo de sus vestidos, los rasgó; y lo mismo hicieron los hombres que estaban con él. Y lloraron y lamentaron y ayunaron hasta la noche, por Saúl y por Jonatán su hijo, por el pueblo de Jehová y por la casa de Israel, porque habían caído a filo de espada.* (2 Samuel 1:11–12)

Mientras David tenía conocimiento de que su hijo podría morir, las muertes de Saúl y Jonatán fueron relativamente de repente y tomaron a David por sorpresa. La angustia de la ocasión de una muerte no era mayor que la ocasión de la otra. Sólo los métodos por los cuales David se lamentaba difieren. No son reglas difíciles y rápidas en relación de cómo una persona debe sufrir. Cada una trata con su propia y única experiencia y el dolor que le atañe.

En 2 Samuel 3, David lloró la muerte de Abner, el comandante del ejército de Saúl, quien fue muerto por la espada en las manos del general de David, Joab y su hermano Abisai. Otra vez, David rompió sus vestidos y se lamentó en saco de cilicio y ceniza. Él iba detrás del ataúd y acompañó al cuerpo de Abner para darle su último adiós en el entierro. Cuando el pueblo intentó persuadir a David que comiera, él se rehusó diciendo: *"Así me haga Dios y aun me añada, si antes que se ponga el sol gustare yo pan, o cualquiera otra cosa"* (2 Samuel 3:35).

En cada ocasión David se lamentó de acuerdo a la situación que había llevado a la muerte. Esta vez no solo lloró la muerte de Abner, sino que lamentó la manera en que había muerto: *"¿Había de morir Abner como muere un villano? Tus manos no estaban atadas, ni tus pies ligados con grillos; caíste como los caen delante de malos hombres"* (versículos 33–34). Para David la muerte de Abner fue innecesaria y una tragedia.

Muchas veces, la gente encuentra consuelo en el hecho de que sus seres queridos murieron haciendo cosas en las cuales sentían gran orgullo. Por eso es que muchas viudas y viudos de soldados caídos se refieren a cuando sus cónyuges murieron en combate. Aquellos que miran desde el exterior no siempre entienden esta manera de pensar, pero eso corresponde a la enseñanza de Filipenses 4:8, que dice: *"Si hay virtud alguna, si algo digno de alabanza, en eso pensad"*.

En tiempos de tristeza, el recuerdo de aspectos positivos de la vida de una persona puede traer algún consuelo, aun en medio del dolor. Inicialmente, esto puede ser una lucha debido al vacío abrumador y puede bloquear cualquier pensamiento positivo. Sin embargo, en tiempos de progreso, la gente encuentra que las memorias de la vida son un tranquilizador recuerdo de los momentos preciosos que fueron capaces de compartir con una persona a quien le guardarán cariño de corazón. Esto es lo que lleva a algunos individuos a crear becas en memoria de seres queridos, o para recordarlos en los servicios conmemorativos, y así sucesivamente. Recuerde que cada persona, él o ella, tiene su exclusiva manera de tratar con la pérdida de seres queridos y que el proceso que esa persona usa para sanar es justo como único.

Sanidad de la depresión

Algunas veces, la gente cruza la línea de un sano proceso de dolor a profunda depresión. El único que está vivo puede morir mental y emocionalmente, él o ella, no encuentra alivio. En el siguiente pasaje, el obispo Bloomer su batalla contra la depresión después de la muerte de su hermano.

"Hace años, cuando mi hermano murió, la experiencia para enfrentarla fue muy difícil para mí. Él vivió una vida ruda, y verlo allí tendido en el ataúd solamente alimentaba la pena y el dolor que ya estaba sintiendo desde antes de llegar a su funeral. Me encontré a mí mismo simple y tranquilamente yendo a través de movimientos. Aunque yo estaba físicamente presente, había revisado mental y emocionalmente, sin embargo, fui capaz de ocultar la profunda verdad de mi disturbio a los que me rodeaban.

"Era como si estuviera en un sueño—caminando, hablando, viendo, oyendo y tocando, pero sin sentir nada. Miré como los directores del funeral hablaban en voz baja sus palabras finales y empezaban a cerrar el ataúd. Mientras ellos lo cerraban, recuerdo haber oído un 'chasquido' audible, en cual punto, interiormente lo perdí. Nadie supo que yo había salido rápidamente porque inmediatamente me fui a mi carro y comencé a manejar solo. Mientras manejaba sobre el puente Verrazano de Nueva York, sentí la influencia demoníaca en el carro tratando de convencerme que me saliera del puente. Entre más manejaba, más fuerte venía la voz. Mientras lloraba, empecé silenciosamente a clamar el nombre de Jesús. Nunca olvidaré lo que pasó después. La atmósfera en el carro de repente comenzó a cambiar. Una paz me sobrecogió diferente a cualquiera que yo haya experimentado antes. La presencia en el carro era tan fuerte que volteé la vista al asiento del pasajero para asegurarme que estabas solo. Mientras echaba un vistazo a mi derecha, Un hueco formado en el asiento, como si una fuerza invisible estuviera sentada allí junto a mí lado. No podía ver a nadie, pero podía sentir la presencia de alguien más en el carro. Fue como si el tiempo se hubiera detenido, y yo permití que la paz de Dios tomara todo mi ser. Di la vuelta al carro y me encaminé de regreso a unirme con los miembros de mi familia, que todavía estaban reunidos.

"Una paz me sobrecogió diferente a cualquiera que yo haya experimentado antes".

"Dios '*no os dejará ser tentados más de lo que podéis resistir, sino que dará también juntamente con la tentación la salida, para que podáis soportar*' (1 Corintios 10:13). Estoy convencido que en ese día, la tentación pagana para tomar mi propia vida fue inaguantable, y cuando clamé el nombre del Señor, su intervención evitó que yo hiciera una decisión que pudo haber sido trágica, no solamente para mí en lo personal, sino también para mi familia".

Es importante para aquellos que están sobrellevando un dolor y para los que desean ayudarlos ser capaz de discernir la diferencia entre proceso sano de sufrimiento, que los lleva a la sanidad, y una depresión destructiva de la cual una persona puede encontrarla casi imposible de escapar sin intervención. La Sociedad Norteamericana de Psiquiatría anota:

> La tristeza y la depresión no son las mismas. Mientras que los sentimientos de tristeza disminuyen con el tiempo, el desorden de depresión puede continuar por meses, y aun años. Los pacientes que han experimentado depresión, notan marcada diferencia entre la tristeza normal y el peso incapacitado de la depresión clínica.[3]

Aunque los síntomas de la depresión pueden variar, algunos de los signos son como sigue:

- Pérdida de interés en las actividades normales diarias.
- Problemas de dormir.
- Problemas enfocados en la concentración.
- Irritabilidad.
- Sentimiento de fatiga o debilidad.
- Sentimiento de inutilidad.
- Pensamientos de suicidio o conducta suicida.[4]

Primera de Pedro 5:7 nos anima a echar nuestras cargas sobre el Señor porque Él cuida de nosotros. Por el contrario, nuestro *"adversario el diablo, como león rugiente, anda alrededor buscando a quien devorar"* (versículo 8). El diablo utiliza nuestros momentos más vulnerables para hacer

[3] *Hablemos: Hechos sobre la Depresión*. Sociedad Norteamericana de Psiquiatría (2005), http://www.healthyminds.org/Document-Library/Brochure-Library/Lets-Talk-Facts-Depression.aspx.

[4] Clínica Mayo, http://www.mayoclinic.com/health/depression/DS00175/DSECTION=symptoms.

estragos en nuestras vidas. No caiga en sus tácticas engañosas. Reconozca la diferencia entre la tristeza y la depresión y esté preparado para evitar los devastadores efectos de la desesperación. Inicialmente, puede parecer como si el dolor nunca se va a desvanecer. Sin embargo, a medida que usted determina continuar perseverando y manteniendo su mente enfocada en las cosas de Dios, encontrará la pérdida más fácil de sobrellevar. Pero si usted se rinde, nunca comprenderá cuan cerca estuvo de la victoria o vivir la vida que sus seres queridos hubieran querido que usted viera cumplidos.

Durante diferentes ocasiones, asegúrese que está rodeado de personas que lo pueden estimular y fortalecerlo en el Señor. No se quede por su cuenta tanto tiempo o permitir que sus pensamientos vayan en una dirección desesperada. Jesús dijo: *"La paz os dejo, mi paz os doy; yo no os la doy como el mundo la da. No se turbe vuestro corazón, ni tenga miedo"* (Juan 14:27). Recuerde también estas palabras:

> *Por nada estéis afanosos, sino sean conocidas vuestras peticiones delante de Dios en toda oración y ruego, con acción de gracias. Y la paz de Dios, que sobrepasa todo entendimiento, guardará vuestros corazones y vuestros pensamientos en Cristo Jesús. Por lo demás, hermanos, todo lo que es verdadero, todo lo honesto, todo lo justo, todo lo puro, todo lo amable, todo lo que es de buen nombre; si hay virtud alguna, si algo digno de alabanza, en esto pensad.* (Filipenses 4:6–8)

Finalmente, para nosotros que ministramos a otros que sufren, las Escrituras nos instante *"amaos unos a otros entrañablemente, de corazón puro"* (1 Pedro 1:22) y a *"sobrellevar los unos las cargas de los otros, y cumplid sí la ley de Cristo"* (Gálatas 6:2).

Capítulo 6

Sanidad para el cuerpo

Amado, yo deseo que tú seas prosperado en todas las cosas, y que tengas salud, así como prospera tu alma.
—3 Juan 1:2

La salvación por medio de Jesús nos provee, primero con sanidad para nuestros espíritus—una nueva naturaleza, una correcta comunión con nuestro Padre celestial y vida eterna. Segundo, nos faculta para recibir sanidad para nuestras mentes y emociones para que podamos estar en paz en medio de las pruebas de la vida, reflejar el carácter de Dios y hacer decisiones en línea con su Palabra. Tercero, nos faculta para recibir sanidad física. *"Por su llaga fuimos nosotros curados"* (Isaías 53:5).

Un derramamiento de gracia

Dios me ha ofrecido muchas grandes misericordias durante mi vida. Cuando alcanzo un punto de desesperación, Él siempre responde con un derramamiento de gracia. *"De su plenitud todos hemos recibido gracia sobre gracia"*

(Juan 1:16, NVI) y una de esas bendiciones es la sanidad física.

Una vez, estaba orando en mi hogar, cuando sentí que algo malo estaba pasando con uno de mis hijos. Efectivamente, mi hijo venía dando traspiés por la puerta del patio ¡y cayó justo frente a mí! Sus amigos explicaron que él había estado jugando fútbol y uno de los jugadores más altos accidentalmente le había pisado la cabeza. Yo inmediatamente llamé al trabajo a su padre. Él vino a casa y entre los dos lo llevamos apresuradamente al hospital mientras tanto el niño caía en estado de inconsciencia. En el camino al hospital, la máquina del carro explotó, al tiempo que finalmente llegamos al hospital, todo lo que pude hacer fue llorar. No pude orar ni hacer nada más.

Algunos cristianos amigos vinieron al hospital y me dijeron que yo había perdido mi fe. Sin embargo, durante toda la vida de mi hijo, había sido atacado en su cabeza. Yo ya estaba cansada de los ataques del diablo de esta manera a mi hijo. En una anterior ocasión, había estado enfermo y lo habíamos llevado al hospital, donde lo diagnosticaron como epiléptico.

Por tanto, este episodio particular, durante el cual su pequeño cuerpo cayó frente a mí, pareció demasiado para mí. En mi desesperación, clamé: *¡Dios, llévatelo!* Después de pasar por numerosos exámenes médicos y permanecer en el hospital toda la tarde, mi hijo se recuperó la consciencia. Todos los exámenes médicos aparecían normales y fue dado de alta del hospital después de la media noche. ¡Gracias, Señor! Cuando volvimos a casa, mi esposo convino en quedarse y cuidar a nuestro hijo, mientras yo me iba a dormir. Me fui al baño y la paz de Dios parecía llenarme toda a la vez. Caí sobre mis rodillas y Dios abrió mi boca. Instantáneamente, pensé: *Realmente ahora voy a ser castigada por Dios lo que dije en el hospital* (diciéndole que se lo llevara). Sin embargo, esa no fue la intención de Dios "castigarme". Su intención fue de consolarme y sanarme.

Semanas anteriores yo había ido donde el dentista y mientras el dentista trabajaba en mis dientes, el taladro se le cayó y corrió por la sala, por lo que tuvieron que dejarme uno de mis dientes con una gasa de algodón. Yo le dije a mi esposo: "Si Dios no me rellena mis dientes, entonces no serán rellenados". Bien, yo había olvidado todo acerca de esta declaración, pero Dios no lo había olvidado. Él comenzó a rellenar mis dientes en el baño después que trajimos a mi hijo del hospital.

Jamás Él me rechazó por haberle pedido que se llevara mi hijo. ¡En cambio, me sanó rellenándome mis dientes! Cuando por fin miré el reloj, noté que eran las cuatro de la mañana. Dios había operado en mi boca por cuatro horas. Corrí vestíbulo abajo y le grité a mi esposo: "¡Mira, mira, Dios llenó mis dientes!" Él no lo creyó y solo me dijo que me fuera a acostar. Por la mañana, ¡le mostré el milagro que Dios había realizado!

Dios rellena los dientes de las personas para demostraries su poder.

Mientras he ministrado el evangelio en los Estados Unidos de Norteamérica, he encontrado este milagro de Dios muchas veces. Él rellena los dientes de las personas para mostrarles su poder. En una ocasión, una amiga mía, vino a mi casa. Ella había oído que Dios rellenaba dientes en los servicios de la iglesia, y dijo: "Tengo un diente malo, y quiero que Dios me lo rellene". Yo le dije: "Bien, no te puedo garantizar que Dios te rellene tu diente, no está de mí, sino de Dios. Orará por ti y te ungiré, pero tiene que ser Dios". Esa noche, ella en realidad abrió su boca como un pajarito, creyendo que Dios le arreglaría su diente. Esto es fe. Ella realmente creyó a Dios. A la mañana siguiente, su diente estaba arreglado con lo que parecía ser perla blanca. Ella le contó a la gente en varias iglesias que Dios le había arreglado su diente, y cuando lo hizo otras personas también le fueron reparados sus dientes. Eso sucede cuando la gente se levanta y testifica.

Estuve predicando en Hudson Bay, Canadá, y una dama que tenía como diez cavidades vino. Oré con ella y ella cayó al piso y comenzó a rodar, llorando y gritando. Yo pensé: *Bien, Dios, ¿qué pasó con ella?* Más adelante ella se levantó y regresó a mí y dijo: "Mira mi boca". Dios le había llenado todos sus dientes con oro. Ella explicó: "Estaba gritando y llorando de gozo porque no hubo dolor del todo. Yo sabía lo que Él estaba haciendo". Yo le dije: "Bien, necesitas decírselo a la gente". Sin embargo, durante tres años esta mujer no dio su testimonio. Después ella vino a donde yo estaba ministrando y la hice pasar para que le contara a la congregación. Muchos dientes de personas fueron reparados esa noche porque ella contó lo que el Señor había hecho con ella.

Mi suegra tenía una iglesia en Pennsylvania, y un día, estábamos orando por los dientes de las personas. Ambas vimos, en visión, chorros de oro que tenían como dos pulgadas de ancho. Estas diminutas anchuras de oro caían y se posaban en los dientes de las personas donde ellos tenían cavidades, y los ángeles reparaban los dientes de las personas.

Dios estaba mostrando su poder, y fue maravillóse porque una de las personas que fue sanada allí por Él no parecía estar viviendo para Él y era un hipócrita. Dios es misericordioso.

En otra ocasión, yo estaba ministrando en una iglesia en Nueva York. Una mujer cuyos dientes le estaban dando problemas, fue la primera en venir para que se orara por ella esa noche, y yo oré por ella. La mañana siguiente, casi al final del servicio, ella dijo: "Tengo un testimonio". Yo le pregunté de qué se trataba, y ella dijo: "¿Recuerda usted la otra noche cuando yo no podía comer porque mi boca me molestaba mucho? Bien, ¡mire!" Ella abrió su boca para descubrir los mas bellos rellenos. Ella explicó: "No tenía con qué ir al dentista, y Dios me rellenó mis dientes".

Cuando estuve en Malasia para ministrar, me encontré con la esposa de un pastor que me preguntó: "¿Puede orar por mí, pues tengo una cantidad de hoyos en mis dientes?" Por lo que puse mis manos sobre su cara y por un rato no pude quitar mis manos. Cuando finalmente terminé de orar y quité mis manos de su cara, los hoyos de sus dientes estaban rellenados con oro. Cuando Dios está listo para mostrarse a sí mismo, no le interesa lo que otros pudieran pensar. Usted debe aprender a discernir la voz de Dios porque, repito, sus caminos no nuestros caminos, y sus pensamientos no son nuestros pensamientos.

En otra ocasión, yo estaba ministrando a unas doscientas personas en otra nación, y hablé del milagroso poder de Dios para reparar los dientes de la gente. Había un bebé allí que tenía cerca de año y medio de edad y todavía lo alimentaban con leche. La madre tenía al bebé en sus brazos, y éste estaba

> *A medida que oramos, los niõs son sanados por medio del amor y el poder del Señor.*

llorando. El niño tenía unos dientecitos enfrente pero algunos de ellos tenían caries y se le caían. La madre dijo: "El dentista no puede hacer nada". Mi corazón se me salió ante el bebé porque ¡no hay cosa peor que un dolor de muelas! Fui y puse mis manos sobre el bebé y luego bajé a la línea de oración. Ya había por unos quince niños más cuando la madre gritó. Dios había sanado al bebé y hecho crecer todos los dientes en quince minutos. ¡Eso fue un milagro! Luego, los dientes de muchos niños más fueron reparados ese día. Los pequeños bebés no saben lo que es la fe, sin embargo, los hijos son sanados por el amor y poder del Señor a medida que oramos por ellos.

También otros han tenido experiencias de sanidad de sus dientes. Mi amigo el pastor Harry Sauer del Faith Fire Word Center, en Titusville, Florida, testificó:

> Mary K. Baxter oró por mis dientes y recibí una corona de oro en mi muela izquierda de abajo. Cuando volví al dentista, él me preguntó que qué había pasado porque él no había puesto la corona allí. Ellos no usan esa clase de oro. Yo le conté que había orado para que Jesús me sanara y llenara mis dientes, ¡alabado sea Dios!

Otro pastor de Independence, Missouri, escribió:

> Cuando la hermana Baxter vino a nuestra iglesia, yo no tenía idea que recibiría relleno en mis dientes. Yo había estado yendo a la Clínica St. Elizabeth durante unos pocos meses ahora para rayos X, limpieza y extracción. Debido a que ellos están bien ocupados mis citas están entre uno a dos meses de espera. Pero esa noche, cuando ella llamó: "Alguien

o unos dos de ustedes que tengan que rellenar tres o cuatro dientes", yo me levanté obedeciendo al Espíritu Santo, subí al santuario donde la hermana—y obtuve mis rellenos de plata. Yo pensé que habían sido tres, pero cuando llegué a casa, ¡habían tres en el lado izquierdo abajo y uno en la parte de arriba del mismo lado! Sin embargo, lo que esto significa para mí, es que nosotros definitivamente servimos al mismo Dios que levantó a Lázaro de la muerte, el mismo Dios que dividió el Mar Rojo cuando salvó a los israelitas...el mismo Dios que hizo el milagro en mi hija y la mantuvo viva.

Doce milagros mayores

Nunca debemos dudar del poder de Dios. En una ocasión, mi hija espiritual y yo fuimos a una iglesia donde la música estaba tan alta que ella decidió sentarse en la fila de atrás porque sus oídos eran muy sensitivos. Del lado de afuera de la puerta vinieron doce ángeles con una mesa grande y en ella había doce cajas transparentes con llaves. Yo oré: *¿Jesús, que es esto?* Y Él me contestó: *Van haber doce milagros mayores aquí esta mañana.* Él continuó: *Mira la primera caja.* En la con llave estaba un corazón palpitando. La siguiente caja tenía dentro de ella esponjas amarillas. Yo pensé para mis adentros: *¿Qué cosa es eso?* El Espíritu dijo: *Aquí hay gente con asma y vamos a tocarlas con esto* [los artículos dentro de la caja] *y sanarlos de sus asmas.* Había una rótula en una caja, un nervio en otra, y así sucesivamente.

Yo estaba tan abrumada que le pregunté a Dios: *¿Señor, como voy a hacer todo esto?* Por lo que llamé a mi hija espiritual que estaba en el fondo de la iglesia para se reuniera conmigo en la esquina, y le pregunté que había visto ella. Ella al principio, estaba un poco vacilante en compartir conmigo, pero luego procedió a describir las mismas cosas que yo había visto en mi visión!

Cuando me pare frente a la gente, lo primero que les pregunté fue: "¿Hay alguien aquí necesita sanidad para el asma o quien tenga pulmones malos por causa del fumado?" Inmediatamente la gente saltó y vinieron al frente de la iglesia, y los ángeles del Señor tomaron una llave, abrieron esa caja, y empezaron a tocar sus pulmones. Estas personas cayeron al piso bajo el poder de Dios y se levantaron sanos. Uno de ellos testificó: "Ví un ángel con un objeto divertido en su mano. Estoy desconcertado en decirles lo que parecía, pero se parecía a una esponja". Esa fue otra confirmación de la visión que mi hija y yo habíamos visto anteriormente.

En un instante, Dios removió su enfermedad y la dejó a ella como nueva.

Después, encontramos que la pastora de la iglesia necesitaba un corazón y que ella siempre había caminado cojeando de una rodilla mala. Durante este servicio, ella también cayó bajo el Espíritu de Dios, y las alas de un ángel comenzaron a cubrirla. Cuando finalmente se levantó del piso, se fue a su oficina llorando. Más adelante, ella visitó a su médico y nos llamó después para darnos el informe. Su corazón estaba como nuevo, y sus piernas completamente sanadas. Ella era una joven pastora y el diablo le había creado todas estas enfermedades en su vida, pero en un instante, Dios removió su enfermedad y la dejó a ella como nueva.

Sanidad de ataque demoníaco

Una vez fui a Taiwán para ministrar durante un mes, y tuvimos grandes convenciones donde había intérpretes. Una noche, una mujer vino a la iglesia con su hija de dos años en un carrito. La niña mantener levantada su cabecita, y era pequeña para su edad. Un ángel del Señor estaba allí y me mostró una visión de esta niña. No quiero perturbar a lasque son madres con lo que voy a decir a continuación. Esto puede ser difícil de recibir pero es importante estar consciente de los ataques que el enemigo pueda lanzar contra los niños. En esta visión, yo ví a una pequeña serpiente negra enrollada alrededor del cuello de la niña. Ya la podía ver como si lo estuviera mirando en la pantalla de la televisión.

Trajeron a la niña a la fila del frente en su carrito y la madre sentó allí alabando a Dios. El Espíritu Santo me dijo: *Ellos no serás capaces de interpretar lo que estoy diciendo. Quiero que bajes y pongas las manos sobre la niña.* Así que se lo dije al hombre que estaba allí y bajé y puse mis manos sobre la niña y oré y le toqué su cuello. En el Espíritu ví un ángel del Señor halando la serpiente. Cuando él lo hizo, la cabeza de la niña estaba cayendo. Luego, el Señor dijo: *Ahora tú debes orar por el fortalecimiento del cuello y la cabeza de la niña.* La niña había tenido este padecimiento desde que nació y ahora tenía dos años de edad. Él dijo: *Ahora fortaleceré el cuello y la cabeza de la niña.* Oré y oré por la niña y la ungí con aceite. Antes de que el servicio terminara, la madre comenzó a saltar y a gritar porque había notada que la niña se miraba mejor y comenzado a ser capaz de sostener su cabecita levantada.

Espaldas restauradas

Estos milagros conmueven mi alma. He visto toda clase de sanidades, incluyendo sanidades de muchos problemas de espaldas. He orado por personas cuyas piernas les han crecido dos o tres pulgadas. Un hombre no podía doblarse por más de veinte años. Oramos y Jesús sanó su espalda.

Un hombre llamado Ed me escribió:

> Usted oro por la parte inferior de mi espalda y ayer y hoy he estado 100 por ciento libre de dolor. He sido sanado por la sangre de Jesús. Hoy nadé en la piscina y he tenido un gran día. Le he alabado a Él todo el día y agradecido por bendecirme y sanar mi espalda.

El obispo Bloomer da el siguiente relato de cuando su madre fue sanada de un severo dolor de espalda después de dudar del poder sanador de Dios.

"Fui introducido a la sanidad por mi madre. Los bien conocidos sanadores por fe del siglo veinte como Oral Roberts, A. A. Allen y Kathryn Kuhlman, ejercían una gran influencia en ella. Ella tenía retratos, revistas y periódicos engrapados de sus servicios, que ella admiraba.

"Sin embargo, antes de esto, por algún tiempo, ella había sufrido una condición mala de la espalda. Aunque no está clara para mí donde y cuando se lastimó, sé cuando yo crecía ella tenía dolores agudos y se quejaba de su lesión espalda todo el tiempo.

"Una tarde, cuando regresé a casa, ella estaba sentada frente al televisor, llorando. Le pregunté que le pasaba y me dijo que su espalda estaba bien. 'Mamá', le pregunté, '¿te lastimaste? ¿Necesitamos llamar al doctor?' Ella comenzó a explicar: 'No. Este es un fuego bueno. Es como un linimento'. El linimento era un tremendo ungüento con olor a menta, que la gente usaba para restregarse en sus espaldas y músculos para aliviar el dolor—parecido al Aspercreme de hoy. Ella continuó: 'Siento como una almohadilla que presiona contra mi espina dorsal, y se siente bien'. Luego, señalando a la pantalla de la televisión, dijo: 'Creo que esa dama que está allí—mirándola a ella, George, me ha sanado'. Miré a 'esa dama' a quien mi madre se refería, era Kathryn Kuhlman.

"Yo estaba realmente asombrado con la declaración de mi madre, pues ella había pasado mucho tiempo anteriormente tratando de refutar las sanidades milagrosas, diciendo que eso era algo del pasado. Ella metería su nariz en la medicina moderna y en vez de recursos para el uso de tratamientos alternativas, como hierbas y ejercicios, para aliviar su dolor, aunque ningún visto bueno. Sin embargo, en esa maravillosa noche de sábado, mi madre recibió su sanidad, su milagro. Hubiera sido cualquier otra noche u otro día, ella quizás no hubiera estado viendo la televisión cristiana. Hubiera sido cualquier otra noche, Kathryn Kuhlman no hubiera estado en la televisión, pero Dios la usó como un vaso para sanar a mi madre. Él no usó a Kathryn Kuhlman sencillamente para la sanidad física del dolor crónico de mi madre, sino lo que es más importante, revelarse a sí mismo a ella en la Persona del Señor Jesucristo.

"Yo también, pasaría por la experiencia de las sanidades. Muchas veces en mi vida, he visto el poder milagroso de sanidad de Dios. Cuando yo era joven, anduve metido en drogas y una noche mi corazón realmente detuvo por una casi fatal sobredosis. Excepto por la gracia de Dios, y por las oraciones de mi madre, yo hubiera muerto en la sala de emergencia. Pero Dios tenía otros planes para mi vida. Dios es real y su poder es evidente".

¡Levantada de la muerte!

Sí, en nuestros días Dios levanta de los muertos. Hace algunos años, estaba predicando en un servicio en Illinois, y una mujer estaba sentada en la fila del frente mirando tiesa como una pared. Dios me reveló que ella estaba muerta, por lo que fui a donde su marido y le susurré: "Creo que su esposa está muerta". Él contestó; "Oh, ella siempre parece que estuviera". Aun dada las circunstancias, parecía divertido oírlo decir eso, pero yo insistía: "No, ella está muerta. Dios me reveló que ella está muerta". Así que, llamamos al 9-1-1 y cuando los paramédicos llegaron ella no tenía pulso. Ellos la pusieron en una camilla, y mientras la sacaban, ella se sentó. Miré al marido, quien de nuevo dijo: "Se lo dije, ella siempre luce como muerta". En mi corazón supe que Dios la había levantado de la muerte. Más tarde supimos que ella era diabética y había tomado mucha insulina antes del servicio provocando una sobredosis.

He aprendido que cuando Dios me está revelando algo debo tener fe y obedecer porque la vida de alguien pudiera depender de como reacciono.

Cuando Dios me está revelando algo debo tener fe y obedecer porque la vida de alguien pudiera depender de como reacciono.

Otra vez, yo estaba en la iglesia de mi suegra y me senté al lado de una anciana cuyo sobrino estaba predicando. De repente ella comenzó a deslizarse en la silla. *Oh, no,* pensé para mí misma. *Si esta mujer muere en la iglesia de mi suegra, todo mundo va a hablar de eso.* Ella se mantuvo tiesa y deslizándose por la silla. Traté de susurrarle algo al sobrino, pero él no me podía oír. Finalmente le grité hasta el púlpito: "¡Su tía ha muerto!"

Él saltó y comenzó a darle respiración boca a boca. Cuando él hizo eso, el más terrible olor llenó todo el santuario. Yo nunca antes había experimentado semejante olor. Mientras esperábamos que llegaran los paramédicos, le dije a su sobrino y a mi suegra: "Vamos a orar a Dios para que levante de la muerte a esta mujer porque de seguro ¡no está lista para encontrarse con el Señor!"

Cuando los paramédicos llegaron ella no le pudieron encontrar el pulso. Mientras ellos la ponían en la camilla, yo no la podía dejar ir, ya que esta mujer de unos noventa y tantos años de edad, no estaba lista para encontrarse con el Señor. Yo insistía: "Su alma no está correcta con Dios. Tenemos que remitir sus pecados y entregarle su vida a Dios". Por lo que continué orando, y mientras ellos la estaban sacando en la camilla, ella movió su mano. Yo corrí inmediatamente hacia ella y le pregunté: "¿Está usted salva? Si no lo está, usted ser salva ahora mismo, y dar su vida a Dios". Hicimos la oración del pecador con ella, y se levantó de la camilla. Ella nos dijo: "¿Saben lo que ví cuando estuve muerta? Mi alma salió de mi cuerpo y flotó en toda esta sala y los miraba a todos ustedes cuando oraban por mí y me daban respiración boca a boca. Cuando ustedes oraban a Dios para que mi alma regresa al cuerpo, fue como si yo no tuviera control sobre ella. Ella regresó a mi cuerpo". Esto es una prueba de una de las muchas cosas que Dios puede hacer.

Desde la cuna a la sepultura, Dios está con nosotros. Sea que lo crea o no, algunas veces la gente yace en su lecho de muerte son aquellos a quines la gracia de Dios le esta siendo extendida porque Él quiere darles tiempo que pongan sus vidas en Él. Debemos aprender a tomar dominio sobre la muerte. Cuando oramos en el Espíritu Santo, Él conoce la oración perfecta que nosotros debemos hacer a una persona que está muriendo.

Usted tiene que tener fe en cualquiera área a la que Dios lo ha llamado porque significa servir las necesidades de los otros.

> *Pero a cada uno le es dada la manifestación del Espíritu para provecho, porque a éste es dada por el Espíritu palabra de sabiduría; a otro, palabra de ciencia según el mismo Espíritu; a otro, fe por el mismo Espíritu; y a otro, dones de sanidades por el mismo Espíritu. A otro, el hacer milagros; a otro, profecía; a otro, discernimiento de espíritus; a otro, diversos géneros de lenguas; y a otro, interpretación de lenguas.*
>
> (1 Corintios 12:7–10)

> ***Usted debe empezar a clamar por un miagro, no importa como parezca en lo natural.***

Si usted tiene cáncer u otra dolencia que es terminal, debe empezar a clamar por un milagro, no importa como parezca en lo natural. En una ocasión, viajando a ultramar me puse muy enferma. Estaba tan débil que escasamente me podía mover. Inmediatamente comencé a rechazar al diablo porque él estaba tratando de llenar mi mente con todo de informes malos cuando todavía no había ido a donde el médico para que me diera un diagnóstico. Cuando usted comienza a maldecir las obras de las tinieblas, los ángeles empiezan a trabajar.

Me hice la idea de que debía ir al médico. Los médicos me dieron un MRI y no encontraron nada malo en mí. Sin embargo, yo estaba todavía tan enferma que escasamente podía sostener levantada mi cabeza. Pasaron seis semanas. Luego, una noche, tuve un sueño en el cual Jesús estaba en la cruz. Lo ví que estaba siendo horadado en el costado, y después Él me habló en el sueño y dijo: "Por mis llagas tú fuiste curada". Me comenzó a explicar: "Hija, tú tienes hongos en los pulmones, y tienes que maldecirle en mi nombre y yo te sanaré". Así que, comencé a hacer lo del sueño. Maldije la enfermedad en el nombre de Jesús y puse mi confianza en Él para sanar. A la mañana me levanté con energías que no había experimentado en mucho tiempo. ¡Todas las debilidades se había ido completamente.

Preguntas acerca de la enfermedad física

Mucha gente cuando trata con enfermedades y dolencias hacen preguntas acerca de la sanidad física, y para terminar este capítulo me gustaría hacerles estas preguntas de interés.

1. *¿Deberíamos ir a los médicos y la medicina o deberíamos orar solamente?*

Yo creo que Dios trabaja en conjunto con los médicos. Hay muchos médicos y enfermeras hoy llenos del Espíritu Santo. Lucas, el autor del evangelio de Lucas y del libro de Hechos, era médico. Además, muchas vidas han sido salvadas por medio de la medicina. Personas que no conocen al Señor van donde los médicos y han sida sanadas de numerosas enfermedades. La mayoría de nosotros que conocemos al Señor también nos hemos beneficiados de los tratamientos médicos. Tenemos que usar el sentido práctico que Dios nos ha dado.

Sin embargo, yo siempre deposito mi confianza en Dios cuando tengo una necesidad física. Yo realmente creo que Dios es el principal sanador. "*Yo soy Jehová tu sanador*" (Éxodo 15:26). Por ejemplo: Fui a un medico cristiano, y él descubrió que yo tenía un bloqueo del corazón. Oramos y Dios me sanó de este bloqueo. Desde que esto pasó, otras personas que habían tenido corazones malos, han sido sanadas en mis reuniones.

2. *¿Las personas son sanadas solamente en cierta manera?*

Una cosa he aprendido a través de mis viajes ministeriales y ver obrar a Dios en las vidas de las personas, es nunca cuestionar a Dios. Solo cuando usted piensa que lo tiene a Él o que Él ya no realiza los milagros, Él muestra su gran labor.

Debemos abrir las varias vías en las cuales Dios obra. Él nos ama y quiere que conozcamos a profundad de su interés por bienestar. Algunas veces, llegamos a ser complacientes en nuestras condiciones que dejamos de clamar el nombre de Jesús para que nos ayude.

Hace años, mientras estaba orando, tuve una visión del comedor del Señor. Al final de la mesa sentado un perfil del Señor. Había cientos de lugares en la mesa, pero solo dos asientos estaban ocupados. Todos los demás asientos estaban vacíos. El Señor me preguntó: "¿Donde está el resto de ellos?"

"¿Que, Señor?", pregunté.

"Ven y cena en la mesa del Maestro", fue su única respuesta.

Entonces Él comenzó a recordarme de una visión anterior que Él me había mostrado. A la media noche yo había soñado con mi cocina—pero era una versión muy elegante y espectacular de la cocina. En lo natural, yo no tenía nada de las cosas que llenaban esta cocina. Sin embargo, la cocina tenía un juego de mesa que era para un rey.

Tuve este sueño noche tras noche. Donde el Señor decía: "Ven y cena en la mesa del Maestro. Ven y cena". Cuando me senté en la mesa, me mantuve observando las sillas vacías. Dentro de lo que parecía como un período de dos horas, solo unas diez personas se habían unido al Señor en su mesa. Cuando llegaron a la mesa, el Señor les hablé y les dio instrucciones. El punto principal que yo recuerdo el Señor estaba transmitiendo era que nosotros debemos llevar las instrucciones individuales que nos ha dado a cada uno. En otras palabras, tenemos que abandonar las maneras tradicionales de hacer las cosas. Cualquier tradición que evite que busquemos a Dios de todo corazón y entremos en su presencia, es un obstáculo. Los líderes religiosos que rechazaron a Jesús por hacer sanidades los sábados fueron un obstáculo mediante su auto impuesta tradición. (Véase Lucas 13:10–16). No deberíamos limitarnos en lo que respecta a buscar de Dios y a recibir de Él. Repito: Él puede venir cuando menos lo esperamos y de la manera que no hemos pensado Él se mostraría en nuestras vidas.

No deberíamos limitarnos en lo que respecta a buscar de Dios y a recibir de Él.

Además, en esa mesa, Dios nos aconsejó a todos nosotros, a caminar en los zapatos que Él puso en nuestros pies y no tratar de copiar la unción de alguien más. Por ejemplo: Una persona puede tener fe que Dios lo sanará por la imposición de manos, mientras que otro pudiera creer que Dios lo sanará por medio de un "milagro" de la medicina moderna. Como quiera que lo haga en la vida, hágalo en proporción a su fe. (Véase Romanos 12:6–8). Es más, no le ponga límites a Dios a medida que Él lo dirige: "*Si tuvieres fe como un grano de mostaza, diréis a este monte: Pásate de aquí allá, y se pasará; y nada os será imposible*" (Mateo 17:20).

Dios puede sanar de muchas maneras. Cuando Él sanó al ciego, por ejemplo, Jesús escupió en la tierra y utilizó el lodo para untarlo en los ojos del hombre. (Véase Juan 9:1–7). ¿Puede usted imaginarse hoy en día a alguien escupiendo en la tierra y luego utilizar el lodo para untarlo en sus ojos? Su primer instinto puede ser retroceder. Sin embargo, debemos entender que Dios algunas veces sana de una manera no común para asombrar el pensamiento normal de la humanidad y que centran su atención en Él como Sanador. La sanidad, entonces, algunas veces causa conmoción.

> *Y* [Jesús] *le dijo* [al ciego]: *Ve a lavarte en el estanque de Siloé (que traducido es, Enviado). Fue entonces, y se lavó, y regresó viendo. Entonces los vecinos, y los que antes le habían visto que era ciego, decían: ¿No es éste el que sentaba y mendigaba? Unos decían: Él es; y otros: A él se parece. Él decía: Yo soy.* (Juan 9:7–9)

Yo creo que cuando el antiguo ciego dijo: "*Yo soy*" (versículo 9), fue porque no quería dejar nada a la especulación. Él estaba dejando claro que una vez había estado ciego pero que ahora era capaz de ver por la milagrosa obra de Dios.

Repito, a través de mis viajes, con frecuencia vea a Dios sanando a las personas por medios que no siempre coinciden con nuestra manera terrenal de pensar. Algunas veces, yo realmente veo ángeles de pie junto al pastor de una iglesia mientras él o ella ora por alguien. Puedo ver la Palabra de Dios saliendo de la boca del pastor como una espada. A medida que la persona por la que se ora está siendo ungida con aceite, la espada entra en esa persona y corta los puntos oscuros de la enfermedad del cuerpo individual.

Algunas personas pueden ser que sientan calor en sus cuerpos cuando están siendo sanados, pues Dios los está tocando. Ellos en realidad sienten el testimonio y el poder de Dios. Por eso es tan importante que creamos en Dios. ¿Puede usted imaginarse cuantos más pudieron haber sido sanados al mismo tiempo que el ciego fue sanado si tan solo hubieran creído? En vez de eso, los fariseos y otros perdieron el tiempo dudando de Jesús y llamándolo pecador ¡cuando ellos debieron haber creído en Él por el milagro!

La gente con frecuencia me pregunta como conseguir la unción sanadora de Dios. ¡Eso no es un gran secreto! Sea persistente en la oración y continúe buscando el rostro de Dios. Durante horas he buscado a Dios, arrodillada ante su presencia, y dejando que Él dejando que me hable por medio de sueños y visiones. Hay muchas cosas que podríamos hacer por el Señor, si solo tomáramos el tiempo para buscarlo y escuchar lo que Él tiene que decir. Por ejemplo: Ha habido veces cuando he visitado hogares de convalecientes donde algunos de los ancianos pacientes estaban tan enfermos que había caído en coma. Si era tiempo para que sanaran o para irse con el Señor, aun así yo oré por ellos como si me escucharan, porque yo sabía que sus espíritus podían oír mis oraciones.

Fui a un hogar de descanso donde los mismos predicadores habían estado yendo durante diez años. Le pregunté a estos predicadores: ¿Por qué no conducen a estos ancianos al Señor?

Ellos contestaron: "No pueden oírla".

"Debemos creer en Dios y orar por ellos", les contesté.

Mientras orábamos por ellos, las lágrimas comenzaron a correr por sus mejillas de los ancianos que estaban en estado de coma, y los condujimos al Señor. No le ponga límites a Dios. *"Ahora vemos por espejo, oscuramente"* 1 Corintios 13:12), pero cuanto más venimos a conocer a Dios, nuestros entendimientos se iluminan. Desafortunadamente, nuestra manera convencional de pensar no nos alinea con la manifestación sobrenatural de Dios, desconocemos como asirnos de la Mano que tiene el poder para sanar. Solo recuerde, si Dios pudo levantar a Lázaro de la muerte, de seguro Él podrá nos podrá sanar de nuestras enfermedades y dolencias. La sanidad es una comisión dada por Dios. Él confirmó este hecho cuando envió a los discípulos a predicar con un propósito: *"Y yendo, predicad, diciendo: Él reino de los cielos se ha acercado. Sanad enfermos, limpiad leprosos, resucitad muertos, echad fuera demonios; de gracia recibisteis, dad de gracia"* (Mateo 10:7–8).

Un concepto equivocado en cuanto a la sanidad es que Dios siempre salva primero y después sana, sin embargo, Él también sana a las personas para demostrar su poder para salvarlos y a otros. Las obras milagrosas de Dios hablan por sí mismas, fue por lo que Jesús dijo: *"De otra manera, creedme por las mismas obras"* (Juan 14:11).

¿Cuántas veces podría haber estado usted en la presencia de Dios cuando Él estaba listo para sanarlo y no lo supo? ¿Cuántas veces ha aprovechado usted la oportunidad de recibir un milagro por los obstáculos que continúan levantándose entre usted y Dios? Si usted en realidad sabía la respuesta a estas preguntas, pudo haber desmayado.

Dios nos visita a menudo, pero fallamos en reconocer su presencia porque hemos sido enseñados que Él puede mostrarse en cierta manera y en cierto lugar. ¿Qué le parece si un mendigo se sienta junta a usted y le dice: "Dios me envió a que pusiera mis manos sobre tí para que sanes"? ¿Se fijaría usted en la apariencia exterior de esa persona y se retiraría, o sería capaz de sentir la presencia de Dios y recibir el milagro que le envió ese día? Todas estas son preguntas muy difíciles, pero que deben ser contestadas si intentamos estar listos para la obra de Dios en nuestras vidas. Cualquier enfermedad que usted tenga es de gran importancia para Dios. Él dijo en Juan 10:10 que Él vino para que tuviéramos vida *"y para que la tengan en abundancia"*. Dios quiere sobrepasar sus expectativas y derramar una bendición que no tendrá usted lugar para recibirla. (Véase Malaquías 3:10). Él quiere sanarlo a usted, bendecirlo y capacitarlo para que salga a imponer las manos sobre otros y verlos recuperarse de sus enfermedades. (Véase Marcos 16:18).

> ***Dios quiere sobrepasar sus expectativas y derramar una bendición que no tendrá usted lugar para recibirla.***

3. *¿Cuales la razón por las que algunas personas no son sanadas?*

La pregunta que muchos hacen es: "¿Por que algunas personas que tienen fe en Dios para sanar siguen enfermos, y aun mueren en vez de ser sanados, al igual que otros que parece tienen la misma fe?"

No lo sabemos. Existen muchos misterios que nosotros no los entendemos. No somos Dios ni tenemos todas las respuestas. Al final, Dios es el que tiene el control de nuestros destinos cuando venimos a la vida y morimos.

Prefiero que nos enfoquemos en lo que podría no estar sucediendo en relación a la sanidad, es mejor enfatizar el poder y la autoridad que Dios ha hecho accesible a nosotros para recibir sanidad. En la Palabra de Dios vemos que algunas personas tratan de interpretar el pensamiento de Dios. Pierden el tiempo culpando a las personas sobre el pecado o a sus padres, en vez de buscar la cura dada por Dios a ellos.

En Juan 9, los discípulos de Jesús le preguntaron acerca del ciego: "*Rabí, ¿quién pecó, éste o sus padres, para que haya nacido ciego? Jesús les respondió: No es que pecó éste, ni sus padres, sino para que las obras de Dios se manifiesten en él*" (versículos 2–3). Jesús continuó explicando que su trabajo era hacer las obras Del que lo envió. (Véase el versículo 4). Podríamos interpretar que esta declaración que Jesús no quiso enredarse con trivialidades. Él tenía cosas más importantes que hacer, que era sanar enfermos, resucitar muertos y ser el sacrificio por los pecados del mundo.

Si acarreamos sobre nosotros por malos hábitos en la comida, o si las enfermedades nos atacan inexplicablemente, cuando estamos enfermos, lo único que queremos saber es, *¿Como ser sanado de esta enfermedad?* La gente está enferma o muere no quieren discutir si están enfermos porque sus padres pecaron. En vez de eso, ellos buscan la misericordia de Dios y aliviarse. Pero equipándonos con los propios conocimientos bíblicos referentes a la sanidad, llegamos a estar mejor capacitados para asistir no solo a nosotros mismos sino también a otros que están necesitados.

Ninguno de nosotros conoce el tiempo señalado para partir con el Señor. "*Todo tiene su tiempo, y todo lo que se quiere debajo del solo tiene su hora. Tiempo de nacer, y tiempo de morir...tiempo de matar, y tiempo de curar"* (Eclesiastés 3:1–3). Aunque hemos visto que hay ocasiones cuando Dios resucita a personas de los muertos, hay otras ocasiones cuando, sin importar cuán duro oremos, las personas por las que oramos no se levantan en esta vida.

Sin embargo, esto no significa que no debemos orar por la completa sanidad. Dios nos anima e impulsa para que busquemos su rostro, no solamente para entender su voluntad, sino también para recibir los deseos de nuestros corazones: *"Deléitate asimismo en Jehová, y Él te concederá las peticiones de tu corazón"* (Salmo 37:4).

De igual manera, a veces Dios sana instantáneamente y a veces a través de un proceso. Antes de ser sanada, tuve un bloqueo del corazón durante dos años. Yo no tengo todas las respuestas, y tampoco sé realmente por qué Dios no me sanó desde el principio. Pienso que eso es un asunto de Dios. Sabemos que por su llaga fuimos nosotros curados. Vimos milagros como los compartidos en este libro. Así que he aprendido a confiar ciegamente en el Señor en todo. He aprendido a reclinarme en Él y creo que Él está justo a tiempo.

4. *¿Los pecados de las personas causan sus enfermedades?*

Jesús le dijo al minusválido a quien lo había sanado en el estanque de Betesda: *"Mira, has sido sanado; no piques más, para que no te venga una cosa peor"* (Juan 5:14). Hay ocasiones cuando el pecado causa la enfermedad u otra forma de problemas en la vida. En general, la enfermedad y la muerte son el resultado del pecado. (Véase Romanos 5:12–14). En el Antiguo Testamento, Dios hizo uso de la enfermedad para castigar a los israelitas por su desobediencia y para hacerlos volverse a Él. (Véase Números 21:5–9). Sin embargo, debemos ser cuidadosos de no pronosticar que ciertas enfermedades fueron causadas por pecados específicos, También debemos comprender que quienes están enfermos no siempre están así por causa de pecado. Uno de las más grandes equivocaciones concerniente a la sanidad es que los que necesitan de un milagro pudieron haber traído de alguna manera la enfermedad sobre ellos. Repito, como lo indica Juan 9, este no es siempre el caso:

> *Al pasar Jesús, vio a un hombre ciego de nacimiento. Y le preguntaron sus discípulos, diciendo: Rabí, ¿quién pecó, éste o sus padres, para que haya nacido ciego? Respondió Jesús: No es que pecó éste, ni sus padres, sino para que las obras de Dios se manifiesten en él.*
> (Juan 9:1–3)

Los discípulos estaban fijos en el pecado, cuando en vez de eso, ellos debieron haberse enfocado en la oportunidad para testificar a los espectadores del milagroso poder de Dios.

Pasaremos por pruebas y tribulaciones, pero Dios es fiel para librarnos de todas ellas.

La pregunta que siempre se hace es: *¿Por que le suceden malas cosas a las personas buenas?* La Palabra del Señor declara que en esta vida, todos atravesamos por pruebas y tribulaciones, pero que Dios es fiel para librarnos de todas. "*En el mundo tendréis aflicción; pero confiad, yo he vencido al mundo*" (Juan 16:33). Siendo que Jesús venció y está en nosotros, entonces, nosotros también, tenemos el poder para vencer al "mundo", incluyendo las enfermedades y padecimientos.

Capítulo 7

Prescripciones bíblicas para la sanidad

Antes segued siempre lo bueno unos para otros, y para con todos. Estad siempre gozosos. Orad sin cesar. Dad gracias a en todo, porque esta es la voluntad de Dios para con vosotros en Cristo Jesús. No apaguéis al Espíritu.
—1 Tesalonicenses 5:15–19

Anteriormente discutimos la importancia de diagnosticar exactamente la naturaleza de los problemas en nuestras vidas que necesitan sanidad para que podamos manejarlos. Después de evaluar honestamente nuestros síntomas, debemos considerar importantes prescripciones bíblicas para nuestra sanidad. Hemos visto que Dios desea la sanidad para todos los aspectos de nuestras vidas: espíritu, alma y cuerpos. En este capítulo echaremos un vistazo a algunas ayudas fundamentales para la sanidad—importantes maneras en las cuales podemos cooperar con Dios a medida que buscamos la integridad.

Orar individualmente y corporativamente

La primera prescripción bíblica para la sanidad es la oración. La palabra *oración* ha sido usada tan a menudo y descuidadamente por muchos cristianos que tienden a minimizar la realidad de esta poderosa conexión con Dios.

El primer paso en la oración es estar claros a quien le estamos orando. David oró:

> *Escucha, oh Jehová, mi oración, y está atento a la voz de mis ruegos. En el día de mi angustia te llamaré, porque tú me respondes. Oh Señor, ninguno hay como tú entre los dioses, ni obras que igualen tus obras. Todas las naciones que hiciste vendrán y adorarán delante de ti, Señor, y glorificarán tu nombre. Porque tú eres grande, y hacedor de maravillas; sólo tú eres Dios.*
>
> (Salmo 86:6–10)

Si usted orara fervientemente y buscara el rostro de Dios, usted comenzaría a sentir el poder de su presencia en su vida.

Una cantidad de diferentes religiones y experiencias espirituales son fundadas en el mundo, especialmente a través de la prensa secular, y muchas personas están confundidas y miran a varios "dioses" para encontrar ayuda a sus problemas. No saben que el verdadero y Dios viviente o que es real "*ayuda proviene del Señor, creador del cielo y de la tierra*" (Salmo 121:2, NVI). Dos de los nombres del Señor son *Jehová Rafa,* nuestro Sanador (véase Éxodo 15:26), y *Jehová Yiré,* nuestro Proveedor. (Véase Génesis 22:8–14). Dios quiere proveer sanidad en el nombre de su Hijo Jesús. Si usted ora fervientemente y busca su rostro, empezará a sentir el poder de su presencia en su vida.

La segunda prescripción es entender que la oración no es complicada, es hablarle a Dios sencillamente, con un corazón sincero y hacienda peticiones basadas en su Palabra y en el nombre de su Hijo Jesús. No tenga temor de hablar específicamente a Dios lo que necesita.

> *Por nada estéis afanosos, sino sean conocidas vuestras peticiones delante de Dios en toda oración y ruego, con acción de gracias. Y la paz de Dios, que sobrepasa todo entendimiento, guardará vuestros corazones y vuestros pensamientos en Cristo Jesús.*
>
> (Filipenses 4:6–7)

Con frecuencia, la gente se asusta de ser específicas con Dios por temor a que ellas estén pidiendo demasiado. Muchas veces, ellas no reciben porque no piden. Santiago escribió: "*Pero no tenéis lo que deseáis, porque no pedís. Pedís, y no recibís, porque pedís mal, para gastar en vuestros deleites*" (Santiago 4:2–3).

Además, Jesús enseñó que debemos orar en su nombre al Padre:

> *No me elegisteis vosotros a mi, sino que yo os elegí a vosotros, y os he puesto para vayáis y llevéis fruto, y vuestro fruto permanezca; para que todo lo que pidiereis al Padre en mi nombre, Él os lo dé.*
>
> (Juan 15:16)

> *De cierto, de cierto os digo, que todo cuanto pidiereis al Padre en mi nombre, os lo dará. Hasta ahora nada habéis pedido en mi nombre; pedid, y recibiréis, para que vuestro gozo sea cumplido.* (Juan 16:23–24)

Orar a Dios en el nombre de Jesús, quien le aseguró su salvación y sanidad por sus llagas que Él llevó, por su muerte en la cruz y por su resurrección.

Tercero, debemos como una forma de adoración, pues cuando pedimos a Dios que nos sane, ultimadamente lo que estamos diciéndole a É les: "¡Solo tú, Dios, puedes darme lo que necesito!" Al Padre le gusta cuando venimos a Él en oración sincera con fe en nuestros corazones. Jesús dijo: "*Mas la hora viene, y ahora es, cuando los verdaderos adoradores adorarán al Padre en espíritu y en verdad; porque también el Padre tales adoradores busca que le adoren*" (Juan 4:23).

Cuarto, tenemos que hacer de la oración una prioridad en nuestras vidas y no algo para hacer en nuestro tiempo libre. "*Levantándose muy de mañana, siendo aún muy oscuro, salió* [Jesús] *y se fue a un lugar desierto, y allí oraba*" (Marcos 1:35). Sea que usted pase tiempo dedicado a la oración temprano por la mañana o a cualquier otra hora, deje que sea una parte natural y necesaria de su vida.

Por último, debemos reconocer el poder de la oración colectiva para traer sanidad.

> *Y puestos en libertad,* [Pedro y Juan], *vinieron a los suyos y contaron todo lo que los principales sacerdotes y los ancianos les habían dicho. Y ellos, habiéndolo oído, alzaron unánimes la voz a Dios, y dijeron:...Y ahora, Señor, mira sus amenazas, y concede a tus siervos que con todo denuedo hablen tu palabra, mientras extiendes tu mano para que se hagan sanidades y señales y prodigios mediante el nombre de tu santo Hijo Jesús. Cuando hubieron orado, el lugar en que estaban congregados tembló; y todos fueron llenos del Espíritu Santo, y hablaban con denuedo la Palabra de Dios.*
>
> (Hechos 4:23–24, 29–31)

Estos cristianos primitivos oraron en el poder y unidad, y Dios les envió su Espíritu, el cual resultó en milagros y sanidades.

> *Y por la mano de los apóstoles se hacían muchas señales y prodigios en el pueblo; y estaban todos unánimes en el pórtico de Salomón....Y los que creían en el Señor aumentaban más, gran número así de hombres como de mujeres; tanto que sacaban los enfermos a las calles, y los ponían en camas y lechos, para que al pasar Pedro, a lo menos su sombra cayese sobre alguno de ellos. Y aun de las ciudades vecinas muchos venían a Jerusalén, trayendo enfermos y atormentados de espíritus inmundos; y todos eran sanados.*
>
> (Hechos 5:12, 14–16)

Estos fueron los resultados de la oración colectiva. Esa oración es vital, y ha llegado a ser muy importante para mí. Jesús dijo: "*Otra vez digo, que si dos de vosotros se pusieren de acuerdo en la tierra acerca de cualquiera cosa que pidieren, les será hecho por mi Padre que está en los cielos. Porque donde están dos o tres congregados en mi nombre, allí estoy yo en medio de ellos*" (Mateo 18:19–20). Cuando estoy en la iglesia y me doy cuenta que el pastor y los demás tienen hambre de ver libre a las personas, siempre les pido que nos pongamos de acuerdo y nos unamos en oración colectiva, y suceden grandes cosas.

Leemos en el libro de Santiago:

> *¿Está alguno enfermo entre vosotros? Llame a los ancianos de la iglesia, y oren por él, ungiéndole con aceite en el nombre del Señor. Y la oración de f e salvará al enfermo, y el Señor lo levantará; y si hubiese cometido*

> *pecados, le serán perdonados. Confesaos vuestras ofensas unos a otros, y orad unos por otros, para que seáis sanados. La oración eficaz del justo puede mucho.*
> (Santiago 5:14–16)

En mis reuniones, he tenido ancianos que se unen a mí en el ungimiento de personas y han sido sanadas. Había un hombre muy querido, que era pastor de una iglesia. Siempre estaba gritando y alabando al Señor. Luego le dió cáncer. Quedó ciego y terminó en el hospital. Otros ministros y yo fuimos a visitarlo para orar por él, y todo lo que yo pude hacer fue llorar y orar. No pude ni pronunciar una palabra en inglés. Me mantuve pensando: *Señor, yo he querido que se levante y dance y te alabe.* Los médicos ordenaron que se le tomaran rayos X y dijeron que le iban a extirpar la vejiga. Yo estaba bajo fuerte unción y puse mis manos sobre su estómago junto con el resto de pastores, y oramos, oramos y oramos. Yo me fui a casa y lloré toda la tarde con oración intercesora por aquel hombre.

Al siguiente día recibí una llamada telefónica de la iglesia en el que me decían: "Mary, esto es un asombro. Le tomaron rayos X antes de extirparle la vejiga y está totalmente curado, ya no hay más cáncer". En tres semanas este pastor estaba de vuelta en la iglesia. Podía ver de nuevo, y estaba danzando y alabando al Señor. Esto ha sido uno de los más grandes movimiento que he visto hacer a Dios. Yo dije: "Gracias a ti, Jesús". Tomó oración colectiva así como oraciones individuales. Algunas veces, le toca a la oración colectiva romper fortalezas de las personas. El otro factor era que este hombre quería liberación y ejercitó su fe para sanar.

Lea, estudie y aplique la Palabra de Dios

Una segunda prescripción bíblica para la sanidad es la Palabra de Dios. *"Procura con diligencia presentarte a Dios aprobado, como obrero que no tiene de qué avergonzarse, que usa bien la palabra de verdad"* (2 Timoteo 2:15). Cuanto más usted estudia la Palabra de Dios, menos podrá ser disuadido de su sanidad por enseñanzas no bíblicas, falsas doctrinas, engaños del diablo, y desánimo emocional. *"Hijo mío, está atento a mis palabras; inclina tu oído a mis razones. No se aparten de tus ojos; guárdalas en medio de tu corazón; porque son vida a los que las hallan, y medicina a todo su cuerpo"* (Proverbios 4:20–22).

> ***La Palabra de Dios es vida y buena salud.***

Además, cuando mas usted permite que la Palabra de Dios penetre su espíritu, mas fuerte llegará a estar espiritualmente y mas determinado a perseverar. La Palabra de Dios es vida y buena salud, y cuanto más la leamos, más posibilidades infinitas de Dios resonarán en nuestras vidas. Todos los días, sea que le gusto o no, separe un tiempo para leer, estudiar y entender las Escrituras. Llene su mente con la Palabra de Dios y medite e n ella. Tenga fe en su Palabra—creyendo, hablando y actuando en ella. Luche por su sanidad y no rinda. *"Pero clamaron a Jehová en su angustia, y los libró de sus aflicciones. Envió su palabra, y los sanó, y los libró de su ruina"* (Salmo 107:19–20).

Al oír malas noticias sobre su salud, muchas personas erróneamente comienzan a hablar de la muerte. Las Escrituras dicen: *"Del fruto de la boca del hombre se llenará su vientre; se saciará del producto de sus labios. La muerte y la vida están en poder de la lengua, y el que la ama comerá de sus frutos"* (Proverbios 18:20–21). Las palabras son la sustancia de su bienestar. Usted se alimenta por lo que habla o se contamina por ella.

En Mateo 8, leemos acerca del centurión que puso su total confianza en Jesús y la autoridad de su palabra:

> *Entrando Jesús en Capernaum, vino a Él un centurión, rogándole, y diciendo: Señor, mi criado está postrado en casa, paralítico, gravemente atormentado. Y Jesús le dijo: Yo iré y le sanaré. Respondió el centurión y dijo: Señor, no soy digno de que entres bajo mi techo; solamente di la palabra, y mi siervo sanara. Porque también yo soy hombre bajo autoridad, y tengo bajo mis órdenes soldados; y digo a éste: Ve, y va; y al otro: Ven, y viene; y a mi siervo: Haz esto, y lo hace. Al oírlo Jesús, se maravilló, y dijo a los que le seguían: De cierto os digo, que ni aun en Israel he hallado tanta fe. Y os digo que vendrán muchos del oriente y del occidente y sentarán con Abraham e Isaac y Jacob en el reino de los cielos; más los hijos del reino serán echados a las tinieblas de afuera; allí será el lloro y crujir de dientes. Entonces Jesús dijo al centurión: Ve, y como creíste, te sea hecho. Y su criado fue sanado en aquella misma hora.* (Mateo 8:5–13)

¡Dios quiere romper sus ataduras!

Quizás usted está actualmente atravesando por cosas que no se las ha dicho a nadie. ¡Dios quiere romper esos yugos de usted! Hay enfermedades de las que Dios quiere liberarlo si usted solo cede a su voz y se somete a su voluntad.

Usted también tiene que combatir al diablo con la Palabra de Dios. Otra vez digo: Dios no dijo que no atravesaríamos por cosas en la vida, sino que dijo que tendríamos el poder para vencerlas. *"Ninguna arma forjada contra ti prosperará"* (Isaías 54:17). Usted tiene que golpear al diablo con la Palabra de Dios. Usted está listo para ser sepultado y resucitado en Cristo Jesús (véase Efesios 2:4–6), así que, ordene al enemigo que regrese al hoyo del infierno de donde vino. Usted tiene que demostrarle al diablo que usted significa negocio, y la única manera para hacer eso es por medio del poder de la Palabra de Dios y por el Espíritu de Dios.

Guarde su corazón y mente

Mientras usted busca sanidad, una tercera prescripción bíblica es guardar su corazón y mente. Es importante que usted se separe de aquellos que continuamente tienen una actitud negativa de la vida y que no creen en la Palabra de Dios. Cuando usted necesite sanidad, debe bloquear todas las influencias no constructivas, edificar su fe, y buscar a Dios con todo su corazón. Mantenga su mente enfocada en el Sanador. *"Tú guardarás en completa paz a aquel cuyo pensamiento en ti persevere; porque en ti ha confiado. Confiad en Jehová perpetuamente, porque en Jehová el Señor, está la fortaleza de los siglos"* (Isaías 26:3–4). Si usted puede pensar de al menos una cosa positiva para guardarse mientras espera por la manifestación de su sanidad que va a llegar, vale la pena guardarse.

Quizás usted esté pensando: *He probado todo esto y nada ha funcionado.* Otra vez digo, no se rinda. Dios no se rinde con usted, y tampoco usted debe rendirse cuando llega a creer en Él para su sanidad. Hoy, más que nunca, los que pertenecen al cuerpo de Cristo llevar ala fortaleza de Dios y depender de Él para resolver sus necesidades.

Como escribí anteriormente, mucha gente en el mundo están desesperadamente buscando al verdadero y Dios viviente, sin embargo, la televisión, la Internet, el cine, la radio y revistas, están penetrando con todo tipo de doctrinas falsas. Muchas veces es nuestro testimonio que le dará a otros la fortaleza para perseverar mientras ven al verdadero Dios viviente en nosotros y obrando por medio de nosotros.

Además, cuando usted está necesitando sanidad, puede ser una experiencia muy solitaria. Los que le rodean puede que no sepan que decir para llevarle consuelo, o pueden tener temor de decir una cosa equivocada y no decir nada del todo. Así como nos gusta confiar en aquellos que amamos, a menudo ellos son incapaces de darnos el alivio que con tanta desesperación necesitamos. Algunas veces, usted puede sentir como si estuviera dando gritos, sin embargo, pareciera que nadie lo escucha. La vida parece moverse despacio alrededor de usted mientras otros van a sus actividades corrientes, puede parecer como si usted es el único en la tierra que va atravesando dificultades. Sin embargo, usted no siempre sabe por lo que otras personas están atravesando. De igual manera, otros no comprenden lo que usted está experimentando.

Durante esos momentos, manténgase enfocado en Dios, su Palabra y su infalible amor. *"Pero el Señor cuida de los que le temen* [reverencian], *de los que esperan en su gran amor"* (Salmo 33:18, NVI). Recuerde que a medida que usted ora y le entrega a Dios sus preocupaciones, *"la paz de Dios que sobrepasa todo entendimiento, guardará vuestros corazones y vuestros pensamientos en Cristo Jesús"* (Filipenses 4:7).

Todos tenemos esto en común. Dios es la respuesta a nuestras necesidades. Él quiere que sepamos que no nos ha olvidado y que tampoco ha ignorado nuestras peticiones de ayuda. Cuando nos sentimos vacíos, Dios nos llena con *"nueva vida"* (Romanos 6:4).

> *Porque así dice el SEÑOR omnipotente, el Santo de Israel: "En el arrepentimiento y la calma está su salvación, en la serenidad y la confianza está su fuerza...." Por eso el SEÑOR los espera, para tenerles piedad; por eso se levanta para mostrarles compasión. Porque el SEÑOR es un Dios de justicia. ¡Dichosos todos los que en él esperan! Pueblo de Sión que habitas en Jerusalén, ya no llores más. ¡El Dios de piedad se apiadará de ti cuando clames pidiendo ayuda!*
>
> (Isaías 30:15, 18–19, NVI)

Incorporar cánticos de alabanza

En armonía con guardar nuestros corazones y mentes, los cantos de alabanza son otra importante prescripción bíblica para la sanidad. Hace unos años un amigo y yo fuimos al Brasil para ministrar. Nuestro anfitrión nos recogió una noche para llevarnos a orar por una dama que tenía daños cerebrales debido a un trauma craneal. Ella solo tenía veinticinco años de edad y con hijos pequeños. Esta mujer había estado seis semanas tendida sobre sus espaldas y los médicos había dicho que ella iba a morir.

Cuando llegamos a su casa, estaba con tanto dolor que no podía levantar la cabeza. Entramos a orar, y el Espíritu Santo nos impulsó a cantar, "Yo soy el Señor que sana". Juntos, mi amigo y yo vimos una visión de lo que parecía como un haz de luz cayendo sobre la cabeza de aquella mujer en el punto exacto donde había ocurrido trauma. Le dije a nuestro intérprete que le dijera a la gente lo que habíamos visto. Ellos comenzaron a gritar y clamar y la mujer lesionada comenzó a orar en lenguas. Pocos días después que nos habíamos ido, recibimos noticias de que dos días después de haber orado, la mujer se levantó y comenzó a cuidar de ella misma. Ella fue curada totalmente. Él es verdaderamente *"el Dios tu sanador"* (Éxodo 15:26).

El obispo Bloomer nos cuenta del impacto de los cánticos en la sanidad de un hombre que estaba próximo a morir.

"Un martes por la noche, durante nuestro Estudio Bíblico semanal Siéntate y Comparte, yo estaba ministrando sobre los tópicos del dominio y autoridad de cada creyente. Había una unción poco usual esa noche. Sentí como una cruzada, un retiro o una reunión de avivamiento al estilo antiguo. Lo que se suponía iba a ser una noche de enseñanza se volvió en una noche consagrada de predicación.

"De repente, pareció como si todo el santuario estuviera lleno de humo. Era una niebla, una ligera neblina y me preguntaba si yo era el único que lo estaba viendo. De vez en cuando abrí mis ojos varias veces para ver si la neblina tenía algo que ver conmigo. Después de todo, yo había estado predicando duro y había adorando fuertemente y clamando. Sin embargo, no es asunto de cuánto tiempo yo abría mis ojos, la neblina permanecía, como si quisiera que yo la reconociera. Creo que era la gloria de Dios.

"A medida que íbamos concluyendo la parte de la adoración de la reunión, la sala se llenó de alabanzas: '¡Gracias, Jesús...aleluya...gloria a Dios!' Algunas de las personas hablaban en lenguas celestiales (véase 1 Corintios 13) y ¡fue glorioso! Algunos estaban 'muertos' en el Espíritu (cayendo bajo la influencia del Espíritu) y muchos estaban llorando y todos estaban alabando a Dios. Parecía como el día de Pentecostés, con el Espíritu Santo haciendo conocer su presencia. El ministro de música estaba tocando el himno 'Cuan grande es nuestro Dios' y mientras los adoradores se aquietaban, una mujer gritó: '¡Él está aquí! ¡Él está aquí! ¡Puedo sentirlo! ¡Él está aquí!' y luego gritó: '¡Estoy curada! ¡Jesús me sanó! ¡Miren! Allí, justo allí, ¿lo ven?' "Ella se refería a la misma neblina en el ambiente que yo había visto. Mi pregunta fue contestada. También ella había visto la nube de la gloria indicando la presencia de Dios. Lo que yo había estado vacilante en reconocer, ella lo reconoció con confianza y fe.

"Mientras los adoradores se aquietaban, una mujer gritó: '¡Estoy curada! ¡Jesús me sanó!'"

"Cuando ella terminó de hablar, otra mujer corrió al altar llorando y dijo: 'Dios me dijo que viniera aquí esta noche para verlo a usted, varón de Dios, y estoy complacido de hacerlo. Mi esposo está en coma, un chofer borracho pasó de la barrera izquierda a la de la derecha y chocó de frente. Se le quebraron sus brazos, piernas y cuello. Es un milagro que todavía esté respirando y no ha abierto los ojos por cuatro meses. Algunos han dicho que está muerto, la máquina está respirando por él. Pero Dios me dijo que viniera a verlo y estoy contenta de obedecerlo. Obispo, nunca he sentido la unción y la presencia de Dios como esta. Dios está aquí en este lugar. Yo creo que si usted ora por mi esposo, Dios lo levantará de su lecho de muerte'.

"Así que, oré y mientras oraba, el Señor habló a mi corazón: *Canción. ¡Dale a ella un cántico!* Luego, Él dijo: *Canta.*

Ella necesita cánticos. Me volví a ella y le pregunté: '¿Donde está su esposo ahora?' Ella respondió: 'En Vela Médica'. Yo le dije: 'Inmediatamente después del servicio, iré con usted para imponer las manos sobre él y crea que Dios lo levantará'. Cuando yo dije esa palabra, ella comenzó a llorar, saltar y regocijarse. El Señor de nuevo me habló y dijo: *Cánticos.* No tenía idea de lo que Dios estaba hablando, por lo que empecé a pensar de un canto que yo pudiera catarle a la mujer de este hombre que estaba en el hospital.

"Cuando llegué a su sala del hospital, quedé conmocionado y horrorizado de su apariencia. Él no había hablado durante cuatro meses. Estaba enganchado a una máquina que parecía que ella respiraba por él, y todo el cuerpo combado, con partes de su cuerpo elevadas. La duda me asaltó mientras me preguntaba a mí mismo: *¿Que estás hacienda aquí, y qué vas a conseguir?* Puse mi mejor 'cara impasible' e hice una ferviente oración.

"Después, Dios habló: *¡Cánticos!* Así que, orienté a todo mundo que se tomaran de las manos y empezamos a cantar: 'Seguramente la bondad y la misericordia me seguirán todos los días de mi vida'. Lo cantamos poderosamente, pero yo estaba vacío. Dios había dicho *Cantos,* y sentí que este no era el canto del que Él estaba hablando.

"Luego recordé que yo había grabado trece cantos en un CD titulado: *Cantos de Jabez* y que nadaba un CD en el carro. Se lo di a su esposa y la instruí de que lo tocara todos los días sin parar. Ella siguió mis instrucciones. El día uno, después de seis horas de escuchar este hombre abrió los ojos. En el día dos, él comenzó a respirar por sí mismo. El día tres, él desarrolló un modo de comunicarse abriendo y cerrando los ojos: una vez para sí, dos veces para no.

Los días cuarto y quinto él comenzó a formar palabras. Y la música continuaba tocando. Dos semanas más tarde, él estaba hablando, sintiendo sensaciones en sus brazos, piernas y espaldas, y comiendo comida sólida.

"¡Dios lo sanó! No por medio de oraciones sin fe de un predicador que desanimó cuando lo vio, sino por los cantos basados en la Palabra de Dios. Eso fue hace siete años, y el hombre está ahora de vuelta en su trabajo. Él está manejando, montando bicicleta y jugando tenis. ¡Oh, qué testimonio tiene él! Hubo sanidad en los cantos. La humanidad generalmente mira las condiciones, pero el poder sanador de la Palabra de Dios en esos cantos cumplió lo que la Palabra envió a hacer y que era ministrar al espíritu del hombre y no su intelecto. Dios dice: *'Así es también la palabra que sale de mi boca: No volverá a mí vacía, sino que hará lo que yo deseo y cumplirá con mis propósitos'* (Isaías 55:11, NVI).

Dios sanó a un hombre en coma por medio de cánticos basados en su Palabra.

"Algunas veces, cuando usted está escaso de palabras, Dios le da un canto un canto de liberación para traer sanidad a su alma enferma. David escribió: *'Tú eres mi refugio; me guardarás de la angustia; con cánticos de liberación me rodearás'* (Salmo 32:7). Cuando Saúl estaba airado contra David, David tocaba música ungida, y yo creo que esta música le permitía escapar de la muerte por la espada de Saúl. (Véase 1 Samuel 18:10–11). Dios hará uso de cualquier medio necesario para librarlo a usted de la mano del enemigo, porque su unción no ata.

"El Salmo dice: *'Pero tú eres santo, tú que habita entre las alabanzas de Israel'* (Salmo 22:3). El Señor habita en la alabanza de su pueblo. Él honra con su presencia los cantos de alabanza sinceros y con frecuencia trae bendiciones y sanidades en respuestas a ellas".

Busque el perdón y pureza de corazón

Dos prescripciones adicionales y significantes para la sanidad son el perdón y pureza de corazón. No podemos mantener amargura y odio en nuestros corazones porque si lo hacemos evitamos acercarnos a Dios y recibir de él lo que necesitamos. Las Escrituras dicen, por ejemplo:

> *Porque si perdonáis a los hombres sus ofensas, os perdonará también a vosotros vuestro Padre celestial; mas si no perdonáis a los hombres sus ofensas, tampoco vuestro Padre os perdonará vuestras ofensas.* (Mateo 6:14–15)

> *Vosotros, maridos, igualmente, vivid con ellas sabiamente, dando honor a la mujer como a vaso más frágil, y como a coherederas de la gracia de la vida, para vuestras oraciones no tengan estorbo.* (1 Pedro 3:7)

Las relaciones correctas son importantes para que nuestras oraciones sean contestadas. Yo siempre enfatizo el arrepentimiento y ser franco con Dios. Las actitudes tóxicas en nosotros no sirven de nada pero le dan combustible al diablo para que lo encienda contra nosotros. Una vez, en una visión, ví a miles de salas en el cielo llenas de libros. Cada uno de nosotros tenía un libro en el cielo con el registro de nosotros en ellos. Se registra cada cosa sencilla que hacemos durante el día. Piense acerca de la próxima vez que usted considere guardar rencor contra alguien. En otra visión, ví a un hombre que comenzó a confesar sus pecados ante Dios: "Soy un pecador, soy mentiroso, soy borracho", y así sucesivamente. Con cada pecado que confesaba, lo que parecía como pulseras grandes negras empezaron a caer de sus muñecas. Él comenzó a alabar y a adorar a Dios porque el Señor lo había libertado y estaba siendo sanado por el poder de Dios.

La amargura es la huésped de toda suerte de enfermedades que pueden ser curadas solamente con aplicarse el antídoto del perdón. El perdón es una de las medicinas más grandes de la tierra. Ella libera de ira y resentimientos y enmienda corazones adoloridos.

También debemos desear y buscar la pureza de corazón en todos los aspectos de nuestras vidas. Recibimos la justicia de Dios por medio de Cristo cuando somos salvos. (Véase 2 Corintios 5:21). Sin embargo, durante toda nuestra vida, necesitamos continuamente ceder ante Dios, escoger su voluntad sobre los deseos de la naturaleza carnal, y dedicarnos a Él.

> *¿Con que limpiará el joven su camino? Con guardar su palabra. Con todo mi corazón te he buscado; no me dejes desviarme de tus mandamientos.*
>
> (Salmo 119:9–10)

> *En una casa grande no solo hay vasos de oro y de plata sino también de Madera y de barro, unos para los usos más nobles y otros para los usos más bajos. Si alguien se mantiene limpio, llegará ser un vaso noble, santificado, útil para el Señor y preparado para toda buena obra. Huye de las malas pasiones de la juventud, y esmérate en seguir la justicia, la fe, el amor y la*

> *paz, junto con los que invocan al Señor con corazón limpio.* (2 Timoteo 2:20–22, NVI)

El diablo viene para robar, matar y destruir, sin embargo, Jesús viene para darle vida más abundante a usted. (Véase Juan 10:10). Al nombre de Jesús, los demonios huyen. A medida que perdonamos a otros y buscamos la santidad, sabiendo que nuestra justicia viene de Cristo, podemos acercarnos a Dios y recibir la sanidad que necesitamos.

> *Así que, hermanos, teniendo libertad para entrar en Lugar Santísimo por la sangre de Jesucristo, por el camino nuevo y vivo que Él nos abrió a través del velo, esto es, de su carne, y teniendo un gran sumo sacerdote sobre la casa de Dios, acerquémonos con corazón sincero, en plena certidumbre de fe, purificados los corazones de mala conciencia, y lavados los cuerpos con agua pura. Mantengamos firme, sin fluctuar, la profesión de nuestra esperanza, porque fiel es el que prometió. Y considerémonos unos a otros para estimularnos al amor y a las buenas obras; no dejando de congregarnos, como algunos tienen por costumbre, sino exhortándonos; y tanto más, cuanto veis que aquel día se acerca.* (Hebreos 10:19–25)

Libere el poder de la fe y el testimonio

Una prescripción final para la sanidad es el poder del testimonio. Hace muchos años, yo estaba siendo entrenada para el ministerio por una maravillosa mentora quien estaba bajo la tutela de A. A. Allen. En uno de los servicios a que asistimos, vino un joven que había sufrido un daño cerebral. Como resultado de eso, él arrastraba una de sus piernas cuando caminaba. Mi mentora estaba predicando cuando el hombre se sentó junto a mí en la fila del frente y me susurró: "Vine por un milagro". Cuando él dijo esto, inmediatamente el Señor me dijo: *Esta noche ese hombre va a ser sanado.*

Después que mi mentora terminó su mensaje, me llamó y me explicó que las dos nosotras junto con los ministros íbamos a orar por la congregación. Ese joven se levantó y dio su vida al Señor. Luego fui hacia él y le pregunté: "¿Hijo, qué te pasa?" Él explicó: "Una noche venía de un bar ya tarde hacia casa cuando cinco hombres saltaron y me golpearon con un bate de béisbol y casi muero. Permanecí en el hospital por semanas. Pero cuando mi vecino me invitó a la iglesia esta noche y que tendría un milagro, sentí un salto dentro de mí".

Así que, lo ungimos con aceite y comenzamos a orar. Éramos como seis de nosotros orando por él y puse mi mano sobre el área afectada. En vista que en el pasado ya había visto a Dios darles a las personas células cerebrales nuevas comprendí que este hombre iba a ser libertado. Ví a un ángel del Señor comenzar a trabajar en el cerebro de este joven. Luego, ví lo que parecía una taza con mezcla de varios colores en círculo alrededor de ella, y supe que Dios le iba a dar células cerebrales nuevas. De repente, este joven comenzó a gritar y correr por toda la iglesia. Comenzó a alabara Dios con todo él, porque Dios le trajo restauración a él.

Cuando el vecino del hombre le contó del poder de Dios para sanarlo, el Espíritu de Dios se lo había confirmado, él había creído y vino y recibió su sanidad.

Yo acostumbro ir a Noruega a predicar y el pastor miró a un grupo en sillas de ruedas y les dijo: "Bien, al final de la noche, ustedes van a tirar esa silla ¡y se levantarán y caminarán en el nombre de Jesús!" Efectivamente, al final de la noche, la gente estaba caminando alrededor quienes habían estado atados por años de diferentes dolencias y aflicciones.

> *Cuando la gente testifica, alguien milagrosamente es sanado por Dios, esto se convierte en una demostración de que nada es imposible para los que creen.*

Anteriormente les mencioné como habían ocurrido los rellenos dentales en las reuniones cuando la gente da su testimonio acerca de sus dientes rellenados por Dios. Yo he visto que este sucede en relación a otras dolencias también. Además, cuando la gente testifica, alguien milagrosamente es curado por Dios, esto se convierte en un testimonio para creyentes y no creyentes por igual—una demostración de que nada es imposible para los que creen. (Véase Marcos 9:23).

Mientras busca sanidad, edifique su fe por medio de los testimonios de otros y la confianza en la Palabra de Dios que ellos le hablan a usted. Y mientras usted ministra sanidad a otros, testifique de su propia sanidad y otras cosas que Dios ha hecho en su vida pues esto les servirá para aumentar su fe.

Las prescripciones para sanidad que hemos estado viendo son la oración, la Palabra de Dios, guardar su corazón y mente, incorporar la alabanza, buscar el perdón y pureza de corazón, y liberar el poder el poder de la fe y el testimonio. Estos fundamentos de vida en Cristo lo mantendrán cerca de Dios, lo capacitaran para discernir su voz y edificar su fe. Comience viviendo en la llenura del Espíritu hoy mientras busca sanidad para su vida.

Capítulo 8

Contrarrestando los obstáculos para recibir la sanidad

Para los hombres es imposible, mas para Dios, no; porque todas las cosas son posibles para Dios.
—Marcos 10:27

Junto con aplicar las prescripciones para la sanidad, debemos contrarrestar varios obstáculos que pueden estar bloqueando nuestra sanidad de Dios. El relato de la sanidad de Jesús al cojo en el estanque de Betesda nos ayudará a identificar algunos de estos obstáculos:

> *Después de estas cosas había una fiesta de los judíos, y subió Jesús a Jerusalén. Y hay en Jerusalén, cerca de la puerta de las ovejas, un estanque, llamado en hebreo Betesda, el cual tiene cinco pórticos. En éstos yacía una multitud de enfermos, ciegos, cojos y paralíticos, que esperaban el movimiento del agua. Porque un ángel descendía de tiempo en tiempo al estanque, y agitaba el agua; y el que primero descendía al estanque después del movimiento del agua, quedaba sano de cualquier enfermedad que tuviese. Y había allí un*

hombre que hacía treinta y ocho años que estaba enfermo. Cuando Jesús lo vio acostado, y supo que llevaba ya mucho tiempo así, le dijo: ¿Quieres ser sano? Señor, le respondió el enfermo, no tengo quien me meta en el estanque cuando se agita el agua; y entre tanto que voy, otro desciende antes que yo. Jesús le dijo: Levántate, toma tu lecho, y anda. Y al instante aquel hombre fue sanado, y tomó su lecho, y anduvo. Y era día de reposo aquel día. Entonces los judíos dijeron a aquel que había sido sanado: Es día de reposo; no te es lícito llevar tu lecho. Él les respondió: El que me sanó, él mismo me dijo: Toma tu lecho y anda. Entonces le preguntaron: ¿Quien es el que te dijo: Toma tu lecho y anda? Y el que había sido sanado no sabía quién fuese, porque Jesús se había apartado de la gente que estaba en aquel lugar. Después le hallo Jesús en el templo, y le dijo: Mira, has sido sanado; no piques más, para que no te venga alguna cosa peor. (Juan 5:1–14)

En Jerusalén había un estanque llamado Betesda que tenía cinco entradas. El nombre *Betesda* significa "casa de caridad". Las entradas de Betesda estaban llenas con multitud de gente que estaban enfermos con ceguera, cojeras y parálisis. Todos esperaban una cosa: *"el movimiento de las aguas"* (versículo 3).

Note que cuando Jesús vino al estanque, Él y el hombre con la *"enfermedad"* se enfocaron en dos cosas diferentes. Jesús se enfocó en su poder para sanarlo: *"¿Quieres ser sano?"* (versículo 6). Sin embargo, el hombre estaba enfocado en los obstáculos que le impedían ser curado: *"Señor, no tengo quien me meta en el estanque cuando se agita el agua; y entre tanto que voy, otro desciende antes que yo"* (versículo 7).

Las excusas pueden ser los mayores obstáculos para que no recibamos nuestros milagros de parte de Dios. Esfuerzos espirituales, mentales y aun físicos pueden estar involucrados en nuestra liberación, especialmente cuando hemos desarrollado muchas excusas para permanecer en nuestras situaciones. Por ejemplo: Usted puede que no esté totalmente liberado solo por se levantó de su lecho de enfermo. Usted necesita hacer mayores cambios en su estilo de vida. Por eso es que Jesús hizo la pregunta: "*¿Quieres ser sano?*" Cuando Jesús sana, Él no solo sana una pierna, un pie o un ojo. Él toca cada área de nuestra vida que necesita liberación. Él no solo le dijo al hombre que se levantara, sino también que tomara su lecho y caminara, y le advirtió que dejara de pecar y se volviera a Dios.

Jesús toca cada área de nuestra vida que necesita liberación.

Cuando usted no solamente se levanta sino que también "recoge su cama" y camina en los caminos de Dios, realmente está curado. Esta verdad se aplica a cada área de su vida que necesita sanidad—su cuerpo, mente, emociones, finanzas, relaciones familiares, sexualidad, trabajo, hábitos, responsabilidad, y así sucesivamente. En este caso podemos aplicar las palabras de Pablo a los gálatas: "*Estad, firmes, en la libertad con que Cristo nos hizo libres, y no estéis otra vez sujetos al yugo de esclavitud*" (Gálatas 5:1).

Miremos ahora los escollos particulares que pueden obstaculizarnos en nuestra sanidad.

Estado mental de derrota

Repito, cuando Jesús le preguntó al hombre que había la enfermedad durante treinta y ocho años: "*¿Quieres* *ser sano?"* (Juan 5:6), él contestó: *"Señor, no tengo quien me meta en el estanque cuando se agita el agua; y entre tanto que yo voy, otro desciende antes que yo"* (versículo 7). Él realmente nunca le contestó la pregunta a Jesús.

De acuerdo a este hombre, él perdió constantemente su milagro porque no había nadie que lo pusiera en el lugar en el agua una vez que era agitada por el ángel. Por consiguiente, él continuaba sufriendo mientras otros a su derredor eran sanados. Este hombre había luchado con su enfermedad durante casi cuatro décadas, sin embargo, nadie puso en su corazón el ayudar a este hombre, mientras buscaba su sanidad. Aparentemente, los amigos o miembros de la familia lo que al menos hacían era dejarlo en el estanque, pero ¿porqué no permanecían para meterlo *dentro* del estanque cuando el agua era agitada? Es posible que él haya cometido un error como el que cometemos muchos de nosotros hoy. Quizás se había rodeado de gente que solamente lo toleraban en vez de los que podían cuidar de él. Muchas veces, permitimos que nuestro ambiente nos mantenga en las mismas condiciones. Con las personas que usted se conecta pueden tener un impacto significativo en recibir lo que necesita de Dios. Este hombre tuvo todo pero se rindió a recibir lo que era capaz para ser sanado. Tenía un estado mental de derrota.

¿Quiere usted estar sano? Si así es, entonces no se convierta en un quejoso o hacer hincapié en lo negativo, ¡solo reciba su sanidad! Jesús no tomó tiempo para entretenerse en las excusas del hombre. Él simplemente le dijo que levantara su cama y caminara. Cuando busca su sanidad es vital seguir las instrucciones de Jesús.

Fui a orar a un hospital por una mujer que tenía un tumor. Ella solo tenía treinta y cinco años de edad y tenía hijos, pero ella ya se había resignado a morir y había escrito su testamento. Yo le dije; "Jesús puede sanarte". Ella respondió: "Oh, no, yo he tenido mis extremaunción. No quiero vivir". Yo le dije: "Bien, ¿me permites el favor de orar por ti?"

Esta mujer estaba con mucho dolor. Oré con ella, y justo ante nuestros ojos, la inflamación de su estómago desapareció en cinco minutos. Ella estaba en total asombro de lo que Dios había hecho por ella. Pero luego se volvió a mí y me dijo: "Ya he hecho mi testamento. De todas maneras voy a morir". Yo le hablé y oré por ella, y la aconsejé acerca del amor de Dios y el poder de la cruz. Después me fui, y dos días, después, recibí una llamada telefónica diciéndome que se había muerto.

Este resultado entristece mi corazón y se me dificulta incluir esta historia en este libro. Ella no quería vivir. Ella no quería creer al evangelio de Jesucristo. Como evangelista y predicadora, me encuentro con todo tipo de personas que están enfermas. Algunos de ellos no quieren saber de Jesús. Piensan que ellos podrían también rendirse.

El hombre de Betesda tuvo una "*enfermedad*" por décadas. Además, para una enfermedad o padecimiento, sin embargo, la "enfermedad" de una persona puede ser un proceso de pensamiento establecido. Muchos de nosotros estamos enfermos por nuestra manera de pensar. Pensamos *pobre*, por tanto, somos pobres; pensamos en la *soledad*, por consiguiente, somos solitarios; pensamos en la *infelicidad*, por lo tanto somos infelices. Filipenses 2:5 nos insta: "*Haya, pues, en vosotros este sentir que*

Permita que la mente de Cristo—por medio del Espíritu Santo y la Palabra de Dios—dirija su vida.

hubo también en Cristo Jesús", pero nosotros a menudo no permitimos que la mente de Cristo—por medio del Espíritu Santo y la Palabra de Dios—dirija nuestras vidas. ¿Por qué? Vivimos en una sociedad y un mundo consumido por las prioridades y valores que no son los de Dios, y tomamos estas prioridades y valores por nosotros mismos.

La vida tiene mucha que hacer con las elecciones que hacemos, y las elecciones tanto como con nuestras educaciones. De la manera que nos tratamos nosotros mismos y de la manera como tratamos a aquellos que vienen a nuestras vidas, a menudo se basan en la creencia que han inculcado dentro de nosotros por medio de nuestras familias durante nuestra experiencia de la vida a medida que crecemos y a través de nuestras culturas.

Como resultado, cierto estado mental empotrado y actitudes pueden obstaculizar la sanidad. ¿Ha adoptado un estado mental de derrota o complacencia que no se abre a lo que Dios quiere hacer por usted? Usted no sabe qué planes puede tener Dios para usted, por consiguiente, ponga su confianza en Él.

Algunas veces la vida puede parecer intimidante. Nos sentimos golpeados por la vida. Sin embargo, ¿quiere usted saber cómo asombrar a la vida? Después que la vida "huye de usted", levántese de nuevo. Haga una consciente decisión para vivir y no morir por causa del amor y poder de Dios.

Un estado mental de incredulidad

Jesús sanó a un hombre que había nacido ciego, sin embargo, una cantidad de fariseos rehusaron aceptar este milagro, así como el hecho de que Él había venido de Dios.

> *Dijo Jesús: Para juicio he venido yo a este mundo; ara que los que no ven, vean, y los que ven, sean cegados. Entonces algunos de los fariseos que estaban con Él, al oír esto, le dijeron: ¿Acaso nosotros somos también ciegos? Jesús les respondió: Si fuerais ciegos, no tendríais pecado; mas ahora porque decís: Vemos, vuestro pecado permanece.* (Juan 9:39–41)

Mark Twain dijo una vez: "No es lo que usted no sabe lo que lo mete en problemas. Es lo que usted sabe de seguro lo que lo hace". Permanecer obstinado en su manera de pensar, especialmente cuando su mente está llena de información equivocada, la que al final lo mete en problemas.

Jesús era muy directo y penetrante en su valoración de la inhabilidad estos fariseos para recibir la salvación y sanidad de sus propias vidas. Él los señaló que debido a que reclamaban tener todas las respuestas y rechazaban continuamente la verdad de Dios, permanecían separados de Dios. Si ellos mismos hubieran permitido recibir el amor de Dios en sus vidas en vez de rechazarlo continuamente, ellos, también, hubieran experimentado el goza de la sanidad spiritual, mental y emocional.

"El amor...no se goza de la injusticia, mas se goza de la verdad" (1 Corintios 13:4, 6). La realidad es que Dios es un Sanador que envió a su Hijo Jesucristo, para que fuera el salvador del mundo. Algunas veces, la manera en que vemos las cosas pueden ponernos en el camino de nuestros milagros. Cuando la gente insiste solamente en ver con sus ojos naturales y constantemente rehúsan reconocer el poder de Dios, aún cuando esté demostrado frente a ellos, no pueden esperar recibir sanidad de Él. Si no valor la salvación de

Jesús, pensando que usted conoce mejor, *"su pecado permanece"* (Juan 9:41) y a menudo le trae su enfermedad.

Aun en la propia ciudad de Jesús, Nazaret, no pudo realizar ningún milagro porque su obra fue rechazada en vez de ser acogida:

> *Y llegado el día de reposo, comenzó a enseñar en la sinagoga; y muchos, oyéndole, se admiraban, y decían: ¿De dónde tiene Éste estas cosas? ¿Y qué sabiduría es esta que le es dada, y estos milagros que por sus manos son hechos? ¿No es Este el carpintero, hijo de María, hermanos de Jacobo, de José, de Judas y de Simón? ¿No están también aquí con nosotros sus hermanas? Y se escandalizaban de Él. Más Jesús les decía: No hay profeta sin honra sino en su propia tierra, y entre sus parientes, y en su casa. Y no pudo hacer allí ningún milagro, salvo que sanó a unos pocos enfermos, poniendo sobre ellos las manos. Y estaba asombrado de la incredulidad de ellos.* (Marcos 6:2–6)

Una atmósfera de temor y depresión

Otro obstáculo para la sanidad que debemos contrarrestar es una atmósfera de temor y depresión. Los corazones de mucha gente "[desfallecen] *por el temor*" (Lucas 21:26) cuando oyen malas noticias. Las enfermedades pueden ser provocadas por influencias demoníacas que vienen para matar, robar y destruir por medio del temor nuestro sentido de bienestar. (Véase Juan 10:10). Y tales influencias pueden también evitar nuestra sanidad si aceptamos lo que ellos dicen en vez de lo que dice la Palabra de Dios.

Por ejemplo: Al oír las noticias de una recesión financiera, inmediatamente mucha gente comienza a sentirse enferma. Una "recesión" tiene dos componentes: falta de fundamento y depresión. Con el acoso de una pérdida de ingresos o la realidad de ella, algunos individuos quieren retirarse a sus camas porque la recesión a dado a luz la depresión en ellos.

En 1933, durante la Gran Depresión cerca del 25 por ciento de los obreros quedaron desempleados. Esto quiere decir que una gran cantidad de familias o se quedaron sin alimento o escasamente tenían lo suficiente para comer. Consecuentemente, ambos problemas, físico y mental, empezaron a tener efectos en las vidas de las cabezas de familias que ya no podían proveerse para ellos o para apoyar a sus familias. Muchos comenzaron a auto medicarse con vino barato. Estas personas experimentaron una recesión que los deprimió, y agregaron a esa depresión un hábito o adicción que los oprimió. Ellos sintieron que no había nadie que los ayudara—o no querían aceptar la ayuda de otros—y que parecía no tener salida. Estaban viviendo en estados de depresión, físicos y mentales. Esos estados de mente y corazón extraen la fuerza del individuo sacando a las superficies sus debilidades morales.

> *Aquellos que conocen a Cristo no tienen que responder a las incertidumbres de la vida con miedo.*

Los efectos de la incertidumbre económica y social o de sus propios problemas personales pueden provocar que la gente hoy llegue a estar temerosa y deprimida y probar tratar con su dolor por medio de varias formas de hábitos y prácticas destructivas. Sin embargo, aquellos que conocen a Cristo no tienen que responder a las incertidumbres de la vida con miedo. Nosotros no somos aquellos *"sin esperanza y sin Dios en el mundo"* (Efesios 2:12). En vez de eso, nosotros somos *"miembros de la familia de Dios"* (versículo 19). Y Jesús nos prometió que nuestro Padre celestial cuidaría de nosotros.

> *No os afanéis, pues, diciendo: ¿Que comeremos, o qué beberemos, o qué vestiremos? Porque los gentiles buscan todas estas cosas; pero vuestro Padre celestial sabe que tenéis necesidad de todas estas cosas. Más buscad primeramente el reino de Dios y su justicia, y todas estas cosas os serán añadidas.* (Mateo 6:31–33)

Si el temor le ha causado su enfermedad, o si su enfermedad ha creado temor dentro de usted, recuerde que *"Dios no nos ha dado espíritu de cobardía, sino de poder, de amor y de dominio propio"* (2 Timoteo 1:7). No permita que el enemigo le robe la paz que Cristo le ha dado. En vez de buscar las circunstancias, confíe en la fortaleza de Dios y en el poder de su Palabra.

El hábito de aislarnos nosotros mismos

Ser auto suficiente o individualistas a menudo es celebrado en nuestra sociedad. Nos gusta pensar que no necesitamos de nadie más. Sin embargo, la Biblia nos dice explícitamente:

> *Y considerémonos unos a otros para estimularnos al amor y a las buenas obras; no dejando de congregarnos, como algunos tienen por costumbre, sino exhortándonos; y tanto más, cuanto veis que aquel día se acerca.* (Hebreos 10:24–25)

Debemos contrarrestar la actitud o el hábito de aislarnos nosotros mismos de los demás, especialmente cuando necesitamos sanidad. Uno de los trucos más astutos del diablo es el retiro porque él sabe que donde dos o tres están congregados en el nombre de Jesús, allí usted encontrará el Espíritu de Dios en medio de ellos. (Véase Mateo 18:20). Una vez que el Espíritu de Dios viene en el nombre de Jesús donde habita la enfermedad, ¡la enfermedad tiene que irse!

Necesitamos rodearnos con aquellos que tienen el poder de clamar el nombre del Señor y recibir lo que ellos necesitan de Dios. Durante treinta y ocho años el inválido del estanque aparentemente no había desarrollado una relación con nadie que tuviera la voluntad de ayudarlo a entrar en el agua. La Biblia dice: *"Echa tu pan sobre las aguas; porque después de muchos días lo hallarás"* (Eclesiastés 11:1). Esto significa que lo que cosecha es el resultado de su semilla. Por tanto, su semilla tiene el potencial para determinar cómo vivirá usted eventualmente. Usted puede conocer o desconocer la siembra de sus circunstancias presentes—sea bueno o malo—teniendo fuertes relaciones de apoyo o aislándose de los demás.

"El hombre que tiene amigos ha de mostrarse amigo" (Proverbios 18:24). Debemos desarrollar relaciones con otros que están espiritualmente inclinados a apoyarnos cuando necesitamos oración. ¿Ha estado usted alguna desesperado que ya no se preocupa de lo que piensen los otros? Usted solo sabía que necesitaba un milagro y tenía la voluntad de ir a los extremos para recibirlo. Termine con la actitud de aislamiento y alcance el apoyo espiritual y emocional de los otros creyentes.

Termine con la actitud de aislamiento y alcance el apoyo espiritual y emocional de los otros creyentes.

Algunas veces, el aislamiento que experimentamos no es propio de nosotros. La gente puede abandonarnos cuando más los necesitamos. Sin embargo, no es asunto de quien ponga en libertad nuestras vidas cuando experimentamos problemas, Dios siempre está con nosotros. La segunda parte de Proverbios 18:24 lee: "*Y amigo hay más unido que un hermano*". ¿Quién sino Dios es nuestro más grande Amigo? Juan en 1 Juan 1:3 escribió: "*Lo que hemos visto y oído, eso os anunciamos, para que también vosotros tengáis comunión con nosotros; y nuestra comunión verdaderamente es con el Padre, y con su Hijo Jesucristo*". Nunca se consuma por su condición mediante el aislamiento de Dios y pierda su presencia en tiempos de necesidad.

Una falla para avanzar

Otro obstáculo a contrarrestar es la tentación para poner su completa confianza en personas o cosas en lugar de Dios. De nuevo, muchas personas sencillamente pueden pensar ellas mismas en un problema. En otras palabras, la manera en que fueron levantadas para ver el mundo o las malas enseñanzas que adoptaron pueden llegar a tener más influencia que su compromiso con Dios. El obispo Bloomer nos da este tremendo relato de una mujer que tenía este estado mental:

"Hace tiempo vino a mí una dama pidiendo oración porque una de sus piernas era más corta que la otra lo que la hacía caminar con la ayuda de un bastón. Puse mis manos sobre y comencé a orar. Ella cayó en el Espíritu y cuando finalmente volvió en sí, estaba curada: su pierna le había crecido a longitud normal. Al siguiente servicio, ella vino a mí y me preguntó: '¿Puedo llevarme mi bastón de regreso?' Yo le pregunté que para qué necesitaba el bastón puesto que era obvio que Dios la había curado completamente. Su respuesta me desconcertó grandemente.

"'Bien, Obispo', me comenzó a explicar, 'yo recibo un cheque cada mes, y si no tengo mi bastón, me pueden suspender mi cheque'.

"Yo entonces, la dejé bien clara, 'Mira, había un mal espíritu en ti, y sit e regreso este bastón, cualquier cosa agregada a ti puede regresar'.

"'Yo necesito mi cheque', fue su respuesta. Y tomó su bastón.

"Hoy, esta dama está en silla de ruedas con ambas piernas amputadas. Esto no es simplemente que la enfermedad recurrente es siempre debido a desobediencia, sino sencillamente señalar que cuando Dios está tratando de traerle su sanidad, usted no puede dejar que el temor de perder otras cosas que le rodean para ponerlo en el camino de su milagro".

¡Confíe completamente en Dios! *"Pero pida con fe, no dudando nada; porque el que duda es semejante a la onda del mar, que es arrastrada por el viento y echada de una parte a otra"* (Santiago 1:6).Cuando usted se deja llevar por las ondas de la duda, está confiando en los elementos no confiables de su ambiente físico para cuidar de usted, en vez de confiar en Dios. Además de su sanidad física, debe adoptar la manera de pensar que tenía el hombre de Betesda después de su milagro. Después de ser interrogado por las autoridades religiosas en relación de por qué estaba cargando su cama en día de sábado, el hombre replicó: *"El que me sanó, él mismo me dijo: Toma tu lecho y anda"* (Juan 5:11).

El hombre en Betesda ni aun sabía quien era Jesús, pero en su palabra, creyó y curado y libertado. (Véase Juan 5:13).

Cuando usted clame el nombre de Dios y se aferre a sus promesas, su vida comenzará a cambiar.

Cuando usted clama el nombre de Dios y se agarra de sus promesas, su vida comenzará a cambiar. Sin embargo, para algunas personas, la cosa principal que los ha llevado a un grado de comodidad los mantiene atados porque quieren mantenerse dependiendo de ellas. Una vez que usted está curado, debe dejar a un lado cualquier "muletilla" que sustente su enfermedad y comience a caminar en nueva vida, sin importarle lo que puedan pensar los que le rodean. "*Despojémonos de todo peso y del pecado que nos asedia, y corramos con paciencia la carrera que tenemos por delante, puesto los ojos en Jesús, el autor y consumador de la fe*" (Hebreos 12:1–2).

Muchas personas piensan que sus enfermedades o padecimientos son sus problemas en la vida. En vez de eso, son sus actitudes hacia la vida sus problemas. Ellos se han hecho a un lado de la vida porque están determinados a vivir en los caminos que no son los de Dios y sus propósitos, y no tienen la intención de cambiar sus modos. Sus propios deseos e ideologías son más fuertes que su fe y el compromiso con Dios. Ellos pueden demandar un poco de ayuda de Dios, pero luego deciden confiar en algo fuera de Él. Todos tenemos debilidades, pero cuando las entregamos sin remordimientos o arrepentimiento, no podemos reclamar que el enemigo nos tentó. Nuestras acciones son el resultado de nuestras auto-destructivas y gratificantes intenciones.

Todos en el estanque aparentemente se habían condicionado pensar que la sanidad de Dios solo podía tener lugar en ese estanque. Pero después de treinta y ocho años de sufrir la misma enfermedad, el inválido recibió una visita de Jesús porque Él sabía que el hombre estaba listo para recibir el cambio revolucionario que está a punto de tener lugar en su vida. Cientos de personas pudieron haber sido sanadas ese día, pero quizás sus mentes no estaban abiertas lo suficiente para recibir lo que Jesús tenía para ellos.

Si usted se junta con personas que no están contentas con sus condiciones y usted comienza a tomar su estado deteriorado, también se vuelve complaciente con usted mismo. Por eso es que Dios ordenó en 2 Corintios 6:17: *"Salid de en medio de ellos, y apartaos"*. El hombre era el único en el pórtico que estaba listo para recibir un nuevo concepto y modo de ser sanado además de ser colocado en el estanque. Jesús no tuvo que tocar al hombre, no realizó ninguna ceremonia o aun rociarlo con aceite. Él simplemente le dijo: *"Levántate, toma tu lecho y anda"* (Juan 5:8). Él habló una palabra de autoridad contra la condición del hombre enfermo, y el hombre sanó.

Después que fue sanado, el hombre salió del pórtico porque si permanecía allí, su enfermedad podía regresar. Quizás usted ha sido curado de una enfermedad, una dolencia u otro tipo de enfermedad, sin embargo, después de su sanidad, regresó a la fuente de su enfermedad. La mujer cuya pierna fue curada cuando el obispo Bloomer oró por ella, mantuvo un estado mental lisiado y terminó con una atadura peor. Una vez que Dios lo toca y lo hace libre de alguna cosa y usted regresa a la fuente de su enfermedad, "el espíritu regresa con siete espíritus peores que él". (Véase Lucas 11:24–26).

Hay muchas maneras en las cuales podemos fallar para avanzar después de nuestra sanidad. Como vimos en el capítulo 2, parte de nuestra responsabilidad en la sanidad es cuidar de nuestros cuerpos. No viviendo una vida balanceada por comer lo correcto, hacer ejercicios, tomar tiempo para descansar, y seguir las órdenes médicas pueden sembrar mala salud. Repito, nuestras situaciones pueden estar relacionadas a las elecciones que hacemos. La gente puede abusar de su propia salud. Mucha gente se enferma y aflige por medio de su descuido o malos hábitos. Hay una cierta responsabilidad que necesitamos tomar por nuestra salud.

Hay gente que piensa que pueden descuidar su salud o ignorar los sabios consejos médicos y luego solo pedirle a Dios que los sane. El deseo de Dios para ellos que estén buenos y sanos, pero ellos están trabajando contra sus propósitos. Por ejemplo: Si el médico le dice que deje de comer carnes rojas pero usted continúa comiéndola con frecuencia, eventualmente usted puede pagar el precio con su salud por problemas del corazón y otros tipos de enfermedades. Usted se enferma no por causa de un ataque demoníaco, sino porque no atendió el consejo. El dilema que separa a muchos de vivir saludablemente es su propia falta de voluntad para cooperar con el sano consejo. Dios obra de varias maneras para hacernos sanos. Por tanto, sea que sea por intervención médica o intervención divina directa, debemos actuar sabiamente para recibir nuestra sanidad.

¿Su actitud y ambiente necesitan cambiar? Si Jesús estuviera caminando hacia usted y le pregunta: "¿Quieres ser sano?" ¿Qué le diría usted? Si la respuesta es sí, entonces confía en Dios, asegúrese que su entorno está en armonía con su Palabra y modos, y encamínese hacia Él.

Después que fue sanado, el hombre fue obligado por su liberación a ir al templo. Nadie le dijo que fuera al templo, pero después de entrar en contacto con Jesús, fue llevado a un lugar santo. La liberación siempre debería conducirlo a la adoración y al agradecimiento. Si usted puede dejar de enojarse o ser complaciente en sus condiciones, Dios tiene un milagro que espera por usted, y Él quiere usarlo como testimonio a su bondad y poder.

Permitiendo que la naturaleza pecaminosa gobierne

Cuando tuve la revelación del infierno, Jesús me advirtió: "En este viaje, algunas veces vas a sentir como que yo te dejé, pero no, solo que no serás capaz de verme". ¿Cuántas veces ha sentido usted como si Dios lo ha dejado, solo para entender que Él ha estado junto a usted todo el tiempo? Solo porque no puede ver a Dios significa que Él lo dejó o lo abandonó. *"Porque Él dijo: No te desampararé, ni te dejaré"* (Hebreos 13:5). Podemos confiar en la seguridad de su amor mientras atravesamos dificultades en la vida. *"Y nosotros hemos llegado a saber y creer que Dios no sama"* (1 Juan 4:16, NVI).

La integridad espiritual es necesaria para que nosotros lleguemos a ser siervos ejemplares para el reino de Dios. Esto no quiere decir que nosotros no vamos a pasar por algunos obstáculos o que no lucharemos contra la naturaleza pecaminosa. Sin embargo, a través de todo, el Señor nos sacará de los caminos malos y conducirá de regreso a la senda de justicia por el amor de su nombre. (Véase Salmo 23:3). A medida que continuamos rechazando la naturaleza pecaminosa y regresamos a Dios, permaneceremos junto a Él, pero si nos entregamos a los deseos pecaminosos de la naturaleza, torceríamos el rumbo, y no permaneceríamos enfocados en Él como nuestro Sanador.

> *El Señor nos sacará de los caminos malos y conducirá de regreso a la senda de justicia por el amor de su nombre.*

¿Ha perdido usted su pasión por Dios por lo que ya no está enfocado más en la Fuente de su sanidad? Entonces usted continuará desilusionado. Usted no puede obtener un resultado diferente por hacer la misma cosa. El obispo Bloomer da estos puntos de vista acerca de permanecer cerca de Dios nuestro Sanador:

"Aunque yo crecí en un ambiente donde el alcohol era frecuente, también crecí en el temor de Dios. Por tanto, cuando finalmente hice un ardiente compromiso para servir a Él sinceramente, mi temor de Él es lo que siempre revisó mi espíritu y me mantuvo en línea. Esto no quiere decir que yo no haya cometido errores, sino que el temor reverencial de Dios fue el ingrediente principal para mantener ala sobriedad de mi espíritu y recibir liberación por medio de Dios. Consecuentemente, yo no puedo hacer errores sin sentir el convincente poder de Dios.

"Desafortunadamente, algunos líderes espirituales han venido a escena sin celo por el ministerio pero que carecen de una fuerte y profunda comunión con Dios. Como resultado, en vez de corregir sus equivocaciones y buscar sanidad en las áreas que tienen débiles, se excusan de ellas. Hace años, cuando mis amigos y yo éramos nuevos en Cristo, y desordenados, nos dimos cuenta que estábamos equivocados. Y para molestia nuestra, no pudimos encontrar paz hasta que nuestra comunión con Dios fue restaurada.

"Nuestros espíritus estaban dispuestos, nuestra carne era débil. (Véase, por ejemplo, Mateo 26:41). Nunca perdimos de vista nuestra comunión con Dios en tiempos de debilidad, aunque luchábamos en medio de la guerra continua entre nuestros espíritus y nuestra carne. A como escribió el apóstol Pablo: '*Porque en lo íntimo de mi ser me deleito en la ley de Dios; pero me doy cuenta de que en los miembros de mi cuerpo hay otra ley, que es la ley del pecado. Esta ley lucha contra la ley de mi mente, y me tiene cautivo'* (Romanos 7:22–23, NVI).

"Deberíamos pedir perdón y comprometernos de nuevo a seguir a Dios mientras nuestras carnes nos arrastra para que regresemos a los caminos pecaminosos. A medida que crecemos espiritualmente, aprendemos que el poder del Espíritu Santo y la disciplina personal, nos capacitan para mantener la carne bajo control.

"De nuevo, el apóstol Pablo explica claramente en el libro de Romanos nuestra lucha espiritual:

> *Sabemos, en efecto, que la ley es espiritual. Pero yo soy meramente humano, y estoy vendido como esclavo al pecado. No entiendo lo que me pasa, pues no hago lo que quiero, sino lo que aborrezco.*
>
> (Romanos 7:14–15, NVI)

"Aquí vemos que cuando la naturaleza no espiritual, o *'naturaleza pecaminosa'* (Romanos 7:5, NVI), trata de conformarse a las leyes espirituales por sus propios esfuerzos, eso no puede hacerlo. Cuando nacemos de nuevo, recibimos una nueva naturaleza espiritual de parte de Dios que no es gobernada y controlada por el pecado. Aunque la naturaleza pecaminosa permanece dentro de nosotros hasta que morimos, por lo que hay una batalla continua por la supremacía. Algunas veces, nos rendimos a la naturaleza pecaminosa y le permitimos que gobierne sobre la naturaleza espiritual. Cuando nuestra naturaleza pecaminosa gobierna, entonces hacemos cosas que van en contra de nuestra confesión de fe. Podemos encontrarnos mostrándonos en lugares donde no deberíamos ir y haciendo cosas que no deberíamos hacer.

> *Ahora bien, si hago lo que no quiero, estoy de acuerdo en que la ley es buena, pero, en ese caso, ya no soy yo quien lo lleva a cabo sino el pecado que habita en mí. Yo sé que en mí, es decir, en mi naturaleza pecaminosa, nada bueno habita. Aunque deseo hacer lo bueno no soy capaz de hacerlo. De hecho, no hago el bien que quiero, sino el mal que no quiero. Y si hago lo que no quiero, ya no soy yo quien lo hace sino el pecado que habita en mí.* (Romanos 7:16–20, NVI)

"Pablo dijo que '*nada bueno habita*' en su naturaleza pecaminosa. Se encontró a sí mismo queriendo lo bueno, pero no podía imaginarse como hacerlo basándose solamente en su voluntad pues estaba influenciado por la naturaleza pecaminosa, la cual quería hacer lo opuesto. Lo bueno que él intentaba hacer, continuaba fallando en hacerlo, porque del mal que él quería abstenerse, se encontró que lo continuaba hacienda. Su conclusión fue '*ya no soy yo quien lo hace sino el pecado que habita en mí*'. La naturaleza pecaminosa cometían estos actos pecaminosos contra su voluntad.

> *Así que descubro esta ley: que cuando quiero hacer el bien, me acompaña el mal. Porque en lo íntimo de mi ser me deleito en la ley de Dios, pero me doy cuenta de que en los miembros de mi cuerpo hay otra ley, que es la ley del pecado. Esta ley lucha contra la ley de mi mente, y me tiene cautivo. ¡Soy un pobre miserable! ¿Quién me librará de este cuerpo mortal? ¡Gracias a Dios por medio de Jesucristo nuestro Señor! En conclusión, con la mente yo mismo me someto a la ley de Dios, pero mi naturaleza pecaminosa está sujeta a la ley del pecado.* (versículos 21–25, NVI)

"En estos versículos finales, Pablo concluyó que aunque la naturaleza pecaminosa estaba presente dentro de él, también había una naturaleza espiritual dentro, la cual era recibida por medio de Cristo. '*Porque en lo íntimo de mi ser me deleito en la ley de Dios*' (versículo 22). Él hizo una decisión concienzuda al permitir que el Espíritu de Dios lo liberara al '*hombre miserable*' de su naturaleza pecaminosa. Con este espíritu y mente renovada, ahora él podía exitosamente servir a Dios, aunque su carne continuamente buscaba '*la ley del pecado*'. Él sabía que un día, viviría completamente en la libertad que Cristo había ganado por él cuando la naturaleza pecaminosa se haya ido para siempre en su cuerpo resucitado.

"Pablo comprendió que sin disciplina, es imposible servir a Dios.

> *¿No sabéis que los que corren en el estadio, todos a la verdad corren, pero uno solo se lleva el premio? Corred de tal manera que lo obtengáis. Todo aquel que lucha, de todo se abstiene; ellos a la verdad, para recibir una corona corruptible, pero nosotros, una incorruptible. Así que, yo de esta manera corro, no como a la ventura; de esta manera peleo, no como quien golpea al aire,* ***sino que golpeo mi cuerpo****, y lo pongo en servidumbre, no sea que habiendo sido heraldo para otros, yo mismo venga a ser eliminado.*
>
> (1 Corintios 9:24–27, énfasis añadido)

"La disciplina y el crecimiento en Dios es un proceso. Debemos ser pacientes con este proceso y no rendirnos. Mi madre cuidaba niños. Un niñito estaba tratando de caminar y cada vez que el niño se caía, la madre lo agarraba y lo ponía en el andador. Finalmente, mi madre le dijo a la mamá del niñito: 'Su hijo nunca va a aprender a caminar si usted continúa poniéndolo en el andador'.

"La madre contestó: 'No quiero que se caiga y se golpee la cabeza'.

"'La única manera que él se va a sentir cómodo, es dejándolo que tenga una caída cómoda'.

"Encontré que para ser un punto muy válido, la única manera que podemos aprender a levantarnos en Cristo es tomando la iniciativa de recobrarse después que hemos caído. Así como los bebés al natural, nos arrastramos, tambaleamos, tropezamos, caemos, nos levantamos y eventualmente caminamos. La madre del niño le había permitido sus propios temores y traumas que le impedirían el crecimiento del niño. ¿Cuántas veces hemos permitido que nuestras propias idiosincrasias y tragedias obstaculicen nuestro crecimiento y evitarnos de ser un fuerte ejemplo para otros?

"Cuando le pregunté a mi madre donde había aprendido esto, ella simplemente respondió: 'Crecí entre nueve muchachos. Soy una experta en esto'. Entonces ella señaló a otro niño en la sala que estaba justamente aprendiendo a caminar pero se había acostumbrado a acolchonar su propia caída. Tan pronto como el niño entendía que estaba tambaleando, levantaba ambas manos, braceaba y caía cómodamente en posaderas. Luego se levantaba y regresaba a seguir jugando.

"Dios no quiere que fracasemos pecando, sin embargo, Él sabe que mientras estemos en esta tierra, cometeremos errores y algunas veces pecado. Demasiadas personas están fallando y permitiendo su propia auto destrucción en el proceso.

"Primero, no están confiando en el Espíritu de Dios y una 'manera de escapar' de la tentación.

Así que, el que piensa estar firme, mire que no caiga. No os ha sobrevenido ninguna tentación que no sea humana; pero fiel es Dios, que no os dejará ser tentados más de lo que podéis resistir, sino que dará también juntamente con la tentación la salida, para que podáis soportar. (1 Corintios 10:12–13)

"Segundo, no hay llegada rápida a Dios por el perdón después de pecar.

Si confesamos nuestros pecados, Él es fiel y justo para perdonar nuestros pecados, y limpiarnos de toda maldad. (1 Juan 1:9)

Hijitos míos, estas cosas os escribo para que no pequéis; y si alguno hubiere pecado, abogado tenemos para el Padre, a Jesucristo el justo. Y Él es la propiciación por nuestros pecados; y no solamente por los nuestros, sino también por los de todo el mundo. (1 Juan 2:1–2)

Dios sabe como levantario a usted de toda caída difícil con solo clamar a Él fervientemente pidiendo perdón y ayuda.

"Cuando le pide a Dios que tenga misericordia de usted, es porque hizo algo que se dio cuenta que estaba equivocado. La única manera de restauración es por medio de la gracia de Dios y la misericordia de Jesucristo. Dios sabe como levantarlo a usted de toda caída difícil con solo clamar a Él fervientemente pidiendo perdón y ayuda, en vez de alejarse de Él. Él inclina su oído para escuchar nuestros clamores. Él nos saca del 'horrible hoyo' (véase Salmo 40:1–2), pero si nuestro estado mental no cambia, no habrá sanidad verdadera".

Caminar en el Espíritu

Debemos permitir que nueva naturaleza espiritual, bajo el control del Espíritu Santo, dirija nuestras vidas. Luego la naturaleza pecaminosa ya no reinará en nosotros, y podemos mantener despejada nuestra comunión con Dios. De esta manera podemos permanecer enfocados en fe en la Fuente de nuestra sanidad—espiritual, mental, emocional y físicamente.

> *Porque desde el principio Dios los escogió para ser salvos, mediante la obra santificadora del Espíritu y la fe que tienen en la verdad. Para esto Dios los llamó por nuestro evangelio, a fin de que tengan parte en la gloria de nuestro Señor Jesucristo. Así que, hermanos, sigan firmes y manténganse fieles a las enseñanzas que, oralmente o por carta, les hemos transmitido.*
> (2 Tesalonicenses 2:13–15, NVI)

> *Ahora, pues, ninguna condenación hay para los que están en Cristo Jesús, los que no andan conforme a la carne, sino conforme al Espíritu. Porque la ley del Espíritu de vida en Cristo Jesús me ha librado de la ley del pecado y de la muerte. Porque lo que era imposible para la ley por cuanto era débil por la carne, Dios, enviando a su Hijo en semejanza de carne de pecado y a causa del pecado, condenó al pecado en la carne; para que la justicia de la ley se cumpliese en nosotros, que no andamos conforme a la carne, sino conforme al Espíritu. Porque los que son de la carne piensan en las cosas de la carne; pero los que son del Espíritu, en las cosas del Espíritu. Porque el ocuparse de la carne es muerte, pero el ocuparse del Espíritu es vida y paz. Por*

cuanto los designios de la carne son enemistad contra Dios; porque no se sujetan a la ley de Dios, ni tampoco pueden; y los que viven según la carne no pueden agradar a Dios. Mas vosotros no vivís según la carne, sino según el Espíritu, si es que el Espíritu de Dios mora en vosotros. Y si alguno no tiene el Espíritu de Cristo, no es de Él. Pero si Cristo está en vosotros, el cuerpo en verdad está muerto a causa del pecado, más el espíritu vive a causa de la justicia. Y el Espíritu de Aquel que levantó de los muertos a Jesús mora en vosotros, el que levantó de los muertos a Cristo Jesús vivificará también vuestros cuerpos mortales por su Espíritu que mora en vosotros. Así que, hermanos, deudores somos, no a la carne, para que vivamos conforme a la carne; porque si vivís conforme a la carne, moriréis; más si por el Espíritu hacéis morir las obras de la carne, viviréis. (Romanos 8:1–13)

Andad en el Espíritu, y no satisfagáis los deseos de la carne. Porque el deseo de la carne es contra el Espíritu, y el del Espíritu es contra la carne; y éstos se oponen entre sí, para que no hagáis lo que quisiereis....Más el fruto del Espíritu es amor, gozo, paz, paciencia, benignidad, bondad, fe, mansedumbre, templanza; contra tales cosas no hay ley. Pero los que son de Cristo han crucificado la carne con sus pasiones y deseos. Si vivimos por el Espíritu, andamos también por el Espíritu. (Gálatas 5:16–17, 22–25)

Capítulo 9

Perseverando por su sanidad

Claves para abrirse paso

Por George Bloomer

Y has sufrido, y has tenido paciencia, y has trabajado arduamente por amor a mi nombre, y no has desmayado.
—Apocalipsis 2:3

La habilidad para perseverar es una clave para recibir sanidad, Alguien que persevere no se rinde fácilmente. Santiago escribió: *"He aquí, tenemos por bienaventurados a los que sufren. Habéis oído de la paciencia de Job, y habéis visto el fin del Señor, que el Señor es muy misericordioso y compasivo"* (Santiago 5:11). Para ilustrar la calidad de la perseverancia, miremos el relato de una sanidad que Jesús realizó en la ciudad de Capernaum.

Las áreas dentro y fuera de Capernaum eran conocidas como Galilea y mas allá como un lugar donde Jesús realizó grandes sanidades y manifestaciones sobrenaturales. (Véase, por ejemplo, Mateo 4:13–25). En Marcos 2, leemos que Jesús regresó, después de predicar, echar fuera demonios, y sanar a un leproso en las cercanías de la ciudad, a la casa en la que se estaba quedando en Capernaum

Cuando se corrió la voz de que Él estaba allí, la casa se llenó de gente.

> *Entró Jesús otra vez en Capernaum después de algunos días; y se oyó que estaba en casa. E inmediatamente se juntaron muchos, de manera que ya no cabían ni aun a la puerta; y les predicaba la palabra.*
> (Marcos 2:1–2)

Desesperados por llegar a Jesús, algunos fueron a los extremos tratando de llegar a Él para favorecer a uno que estaba enfermo:

> *Entonces vinieron a él unos trayendo un paralítico, que era cargado por cuatro. Y como no podían acercarse a Él a causa de la multitud, descubrieron el techo de donde estaba, y haciendo una abertura, bajaron el lecho en que hacía el paralítico.* (versículos 3–4)

La necesidad de apoyo espiritual

Amigos que no se rindieron

Cuatro individuos vinieron cargando un hombre que estaba paralítico, determinados a llevarlo a Jesús para que fuera sanado. Este hombre había perdido sus habilidades para controlar sus propios movimientos, su cuerpo se había debilitado, y Jesús era la única esperanza. Muchos de nosotros de tipos de parálisis espiritual y emocional. Quizás el enemigo jugó con su mente y se encontró hacienda cosas que le parecían casi salidas de su control. El diablo quiere detenerlo para que sea fuerte en el Señor. Él puede manipular su entorno para causarle estragos en su vida. Sin embargo, cuando se rodea de amigos espirituales que se preocupan por usted, como los descritos en el relato del paralítico que bajaron por el techo hasta llegar a Jesús, usted recibe apoyo espiritual que lo ayudan a combatir las influencias demoníacas. Los amigos de este hombre sabían que él estaba atravesando por una tormenta de la cual solo Jesús podía libertarlo.

Cuando se rodea de amigos espirituales que se preocupan por usted, entonces usted recibe apoyo espiritual que lo ayudan a combatir las influencias demoníacas.

Estos amigos tenían tanta compasión que no solo llevaron este hombre al lugar, sino que también fueron al extreme de arrancar el techo para poder bajarlo a través de él. Ellos entendieron el concepto de Mateo 11:12: "*El reino de los cielos sufre violencia, y los violentos lo arrebatan*". Me imagino que el estado mental de estos amigos y la del paralítico era de gran desesperación o determinación—o ambas. Repito, el agradecido paralítico tenía amigos que no se rindieron con él.

Las dificultades pueden suceder en su vida para que Dios pueda recibir la gloria. Su prueba puede ser tan intensa que comienza a preguntar: "¿Dios, por qué permites que yo pase por esto? ¡Por qué me has dejado en esta situación!" Algunas veces, son las pequeñas distracciones las que bloquean la oportunidad de recibir nuestros milagros. Cuando las crisis vienen, llegan en grupo, acosándonos para romper y finalmente destruir nuestra fe en Dios. Sin embargo, mientras perseveramos en fe y amor, al final Dios será glorificado. Obtenga fortaleza del apoyo de aquellos que están comprometidos con su sanidad o liberación, aun cuando usted se siente a punto de ceder.

La Biblia dice que los amigos del paralítico lo subieron al techo y comenzaron a descubrirlo rompiéndolo para poder meterlo. Algunos milagros no tienen efecto sino hasta que descubrimos cosas y las rompemos para que el enemigo no pueda utilizarlas jamás contra nosotros de nuevo.

Este grupo de amigos no serían disuadidos o convencidos de que se volvieran. Repito, ellos fueron a los extremos. *"Al ver Jesús la fe de ellos, dijo al paralítico: Hijo, tus pecados te son perdonados....A ti te digo, levántate, toma tu lecho y vete a tu casa"* (Marcos 2:5, 11). Jesús fue movido por la fe de los que estaban llevando al hombre. La fe de ellos había ayudado a que lo sanara. ¿Tiene a alguien en su vida que se rehúsa a rendirse con usted no importando cuan malas puedan parecer las cosas?

Mi madre fue una persona especial en mi vida. Como joven adolescente recorría las calles de Brooklyn, Nueva York, adquirí el hábito de las drogas que casi tomó mi vida. Una noche, había salido con un grupo de amigos y accidentalmente tomé una sobredosis. Ellos me tiraron en el carro y me llevaron al hospital, me abandonaron al frente de la puerta y desaparecieron en la oscuridad de la noche. Por la gracia y misericordia de Dios, un médico vino y rápidamente me llevó al ER. Mi pulso estaba menguando y yo muriendo. Al rato mi madre llegó al hospital, mi corazón se había parado y los médicos estaban luchando frenéticamente para volverme a la vida.

Luego sucedió una cosa extraña. Aunque para las reglas médicas yo estaba muerto, yo podía oír a mi padre gritándome que despertara. Me parecía estar flotando en la sala, podía ver mi forma sin vida tendida en la cama del hospital. Mi madre gritaba: "¡George Gary! ¡Levántate!" Luego ella comenzó a clamar a Dios que me levantara de la cama. Y eso fue lo que exactamente hizo Dios. Mi corazón comenzó a bombear de nuevo, y los médicos ya podían tomarme el pulso. Dios me había dado una segunda oportunidad en la vida.

Mi madre mostró la misma tenacidad y perseverancia como la mujer de Sunem. (Véase 2 Reyes 4:8–37). A pesar de que su hijo había muerto, ella creyó que Dios podía obrar por medio del profeta Eliseo para levantarlo, y lo dijo con fe: *"Está bien"* (versículo 26).

Creyentes que oran por fortaleza espiritual

Yo también me he beneficiado del apoyo espiritual de creyentes que ni siquiera conocía. Por ejemplo, hace algún tiempo, yo no me sentía tan cerca de Dios como una vez lo hacía, porque estaba atravesando por una crisis tras otra y no miraba ningún alivio a la vista. Me fui a Tampa, Florida, para predicar en una cruzada y mientras predicaba, me estuve fijando en una dama que estaba sentada en medio de la iglesia y meciéndose hacia delante y hacia atrás. Después que el servicio terminó, me acerqué a ella y le dije: "Noté que durante todo el servicio usted permaneció meciéndose y hablando en lenguas". Ella contestó: "Hijo, estaba orando por ti para que te abras paso. Yo sé que es duro pararse allí y entregar una palabra a la gente y tener que olvidar sus propios problemas mientras tratas de entregar a alguien más. Y ví como la gente estaba halando tu espíritu, sin embargo, no ví a nadie orando por ti".

Los pastores y otros líderes espirituales necesitan del apoyo espiritual de los creyentes.

Es vital orar por los pastores y otros líderes espirituales. Una desafortunada, pero creciente tendencia en la iglesia es que la gente está llegando a las reuniones principalmente para ver "superestrellas". Se han llegado a intrigar con la celebridad que carga el líder que fallan en ver el llamado de Dios sobre las vidas de los predicadores y evangelistas para llevar a la gente a Jesús. La iglesia está perdiendo su celo espiritual para orar y ver las completas manifestaciones de Dios. Ya no oramos como alguna vez lo hacíamos, ni buscamos diligentemente el rostro de Dios hasta que su presencia capte la atmósfera entera de la reunión.

Debemos recordar que nuestros líderes son vasos espirituales que también son hechos de carne y sangre. A menos que ellos mantengan el enfoque apropiado, están sujetos a fallas como cualquiera otro. Ellos necesitan el apoyo espiritual de sus congregaciones y de otros creyentes. Aun si un líder hace un error o comete una falla moral, ¿que hacen con frecuencia los miembros de la congregación y otros? Chismean del caso por medio de correo electrónico, mensajes de texto, o llamadas telefónicas, y condenan a su líder en vez de ir de rodillas y pedirle a Dios que lo restaure a él o ella, como ordena su Palabra que hagamos: "*Hermanos, si alguno fuere sorprendido en alguna falta, vosotros que sois espirituales, restauradle con espíritu de mansedumbre, considerándote a ti mismo, no sea que tú también seas tentado. Sobrellevad los unos las cargas de los otros, y cumplid así la ley de Cristo*" (Gálatas 6:1–2).

Tales líderes pueden haber orado diligentemente por personas y sus familias hasta que recibieron sanidad que buscaban, pero cuando ellos mismos se encontraron necesitando oración, estas personas no se encontraron por ninguna parte. Los líderes fueron tratados como si tuvieran una enfermedad contagiosa.

Jesús contó la historia de un hombre que fue emboscado cuando viajaba: "*Un hombre descendía de Jerusalén a Jericó, y cayó en manos de ladrones, los cuales le despojaron; e hiriéndole, se fueron, dejándole medio muerto"* (Lucas 10:30). El hombre no solo fue despojado de sus posesiones materiales sino también de su dignidad. Imagínese saliendo de la noble, bien iluminadas calles de Jerusalén, solo para encontrarse a sí mismo revolcándose impotente en las calles sucias y oscuras de Jericó, habiendo perdido en cuestión de minutos lo que le había tomado a usted años acumular. Cuando las personas se encuentran en sus horas más oscuras y su estado más vulnerable, lo último que necesitan es de personas que los miren y los critiquen. Sin embargo, esto es lo que sucedió en la historia del hombre que fue atacado por ladrones. *"Aconteció que descendió un sacerdote por aquel camino, y viéndole pasó de largo. Asimismo un levita, llegando cerca de aquel lugar, y viéndole, pasó de largo"* (versículos 31–32). Le tocó a un samaritano—con quien los judíos de esa época, normalmente no se asociaban—tener misericordia del hombre y ayudarlo.

> *Pero un samaritano, que iba de camino, vino cerca de él, y viéndole, fue movido a misericordia; y acercándose, vendó sus heridas, echándoles aceite y vino; y poniéndole en su cabalgadura, lo llevó al mesón, y cuidó de él.* (versículos 33–34)

Siempre hay individuos oportunistas esperando para que un líder caiga para acariciar su defunción. Sin embargo, algunas veces, Dios usa el fracaso de una persona para fortalecerlo a él o ella, y haciendo que esa persona crezca espiritualmente para que él o ella, puedan servirle a Él a un grado más elevado.

En cualquier momento Dios le da a usted una oportunidad para que cuente su testimonio, no solo compartir el lado "bonito" de ello, estar dispuestos a compartir su experiencia "paralítica" también. Cuando usted oculta su pecado, esto le permite al diablo continuar hacienda estragos en su vida. Pero cuando confiesa sus pecados a Dios, entonces usted despoja el reino demoníaco de su poder para mantenerlo cautivo en sus pecados. Cuando usted ha sido restaurado por Dios y testifica de su propia voluntad acerca de su fracaso, así como de sus victorias, quita el aguijón de los ataques del diablo contra usted. Aquí es cuando la sanidad realmente puede comenzar. Y esto es cuando ministrar a otros puede ocurrir.

Por supuesto, que esto no es para sugerir que las personas deben a propósito "caer" para que puedan ser usados por Dios. A como escribió el apóstol Pablo: "*¿Que, pues, diremos? ¿Perseveraremos en el pecado para que la gracia abunde? En ninguna manera. Porque los que hemos muerto al pecado, ¿cómo viviremos aún en él?* (Romanos 6:1–2). Mientras exista la posibilidad de que caigamos en el pecado, no deberemos hacer una práctica de ello.

Nosotros generalmente crecemos por etapas en vez de una sola vez, y Dios a veces nos deja "cojear" de nuestras fallas anteriores, por lo menos una vez. Esto es para que haya evidencia de donde hemos estado y que tan lejos hemos venido. Mucha gente que ha atravesado por el "puro" infierno han aprendido como alabar a Dios en medio de sus penas y en medio de sus tormentas. Cuán asombroso es para alguien que ha sido severamente atacado por el diablo ser capaz de decirle, "Tú enviaste enemigos que me robaran y que me despojaran de mi dignidad, y luego me dejaste muerto. Sin embargo, después que todo pasó ¡me levanté en Cristo y continuo de pie!"

¿Cuándo fue la última vez que usted oró y ayunó a favor de alguien que estaba desesperada con necesidades espirituales, emocionales o físicas? Algunas veces, Dios no puede hablarnos porque nuestros vientres espirituales están llenos para oír lo que Él está diciendo y par aver lo que Él está mostrándonos.

Una mujer vino a mi oficina y me pidió que orara por su nieto que estaba experimentando extraños acontecimientos en la casa. "Obispo", me dijo, "estoy teniendo problemas con mi nietita, está viendo demonios y espíritus. Hay un fantasma en la casa, hay una frialdad en toda la casa, y comienza a oler mal". Le dije a ella: "Yo no sé que sea. Pero yo creo que si oramos y ayunamos, Dios nos dará la revelación".

Repito, podemos necesitar una revelación de Dios, pero no podemos recibirla porque nuestros vientres espirituales, mentales, emocionales y físicos, están llenos de mucha "comida chatarra". Esta mujer y yo oramos y ayunamos y vimos el rostro de Dios respecto de su nietita. Descubrimos que la pequeña niña estaba siendo atacada por brujas en la escuela. Si usted se mantiene persistente, Dios le dará la revelación que necesita para ser libre o ayudar a otros a liberarlos. Algunas veces, la gente puede tener un "lugar para" el diablo (véase Efesios 4:27) en ciertas áreas de nuestras vidas, y éstas se comienzan a manifestar como enfermedades. Usted debe permanecer en estrecha comunión con Dios y espiritualmente afinado para ver pasar las pantallas de humo del diablo, rechazarlo y suplicar que la sangre de Jesús esté en las vidas de estas personas y así puedan ser libres.

Dios le dará la revelaci´øn que usted necesita para ser libertado o para ayudar a libertar a otros.

Vaya a la Fuente

Los amigos del paralítico lo llevaron para que se encontrara con su milagro, y desde ese punto, Jesús lo "llevó" a la sanidad.

> *Al ver Jesús la fe de ellos, dijo al paralítico: Hijo, tus pecados te son perdonados. Estaban allí sentados algunos de los escribas, los cuales cavilaban en sus corazones: ¿Por qué habla éste así? Blasfemias dice, ¿Quien puede perdonar pecados, sino solo Dios? Y conociendo luego Jesús en su espíritu que cavilaban de esta manera dentro de sí mismos, les dijo: ¿Por qué caviláis así en vuestros corazones? ¿Qué es más fácil decir al paralítico: tus pecados te son perdonados, o decirle: Levántate, toma tu lecho y anda? Pues para que sepáis que el Hijo del Hombre tiene potestad en la tierra para perdonar pecados (dijo al paralítico): A ti te digo: Levántate, toma tu lecho, y vete a tu casa. Entonces él se levantó en seguida, y tomando su lecho, salió delante de todos, de manera que todos se asombraron, y glorificaron a Dios, diciendo: Nunca hemos visto tal cosa.*
>
> (Marcos 2:5–12)

Jesús utilizó la enfermedad del hombre para señalar a los espectadores la bondad y grandeza de Dios. Lo mismo se aplica a sus dilemas y crisis en la vida. Jesús toma lo que el diablo hace por maldad y lo usa para su bien. (Véase Génesis 50:20). Él está usando su vida para hacer un señalamiento a los incrédulos y creyentes al mismo por igual. Usted no siempre pueda disfrutar el proceso porque Él es el Único que sabe lo por venir mientras usted va atravesando por su problema. Usted a menudo puede sentirse muy solo y abandonado, preguntándose a sí mismo: *¿Voy a ser capaz de vivir para ver el punto que Jesús está que pase a través de mi vida?* Solo recuerde que hay algunas cosas que continuarán en su vida de las cuales nadie puede liberarlo sino Jesús. Y usted debe hacer todo esfuerzo para alcanzarlo a Él, no importa como se sienta.

Note que los líderes religiosos tuvieron problemas con la sanidad del paralítico. Todo el tiempo que estuvo paralizado, ellos estaban de acuerdo con su condición, pero tan pronto Jesús lo sanó, ellos protestaron. En vez de honrar a Jesús, ellos le encontraron fallas. La gente "religiosa" no siempre le animarán a usted a buscar la sanidad, y no estarán contentos cuando la reciba, por lo que usted debe hacer su solicitud directa a Jesús—la Fuente de su sanidad. No importa cuál sea el problema, llévéselo a Jesús. Aprenda a alabara Dios y continúe anhelando de él, sin importar por lo que está atravesando.

No soy de los que se enferman a menudo, pero en una ocasión por dos años estuve en la fila, había contraído el flu durante la "estación del flu". Aunque tomé cantidades de vitamina C y asegurarme que me las había despachado apropiadamente, sorpresivamente, terminé con casos malos de influenza. Al año, cuando estaba en cama, recuperándome, comencé a sentirme lo suficiente fuerte para levantarme y moverme alrededor. Pero cuando me levanté me sentí abrumado que al instante fui forzado a acostarme de nuevo. Estuve en cama por tres días. Aun después de recuperar mi fuerza, quedé con una tos hostigosa que me duró casi tres meses. Iba y venía con varios médicos que me explicaban que yo sufría de una extraña familia de la influenza que muchos habían contraído. Me dieron vitamina C y antibióticos hasta que el tercer médico finalmente admitió: "Solo va a tener que esperar que esto se vaya".

Esa actitud me reveló que pasaremos por muchas cosas en la vida que requerirán de nosotros que nos agarremos de Dios mientras esperamos que las cosas pasen. No podemos rendirnos o perder la esperanza, pero debemos creer que Él es capaz de sacarnos de cualquier crisis o dilema que nos acose para incapacitarnos. Quizás usted está en una posición de espera.

Una vez tomé un avión para ir a Florida a predicar, pero cuando alcanzaba cerca de treinta mil pies de altura, la torre de control de tráfico aéreo le advirtió al piloto que se regresara. El cielo se había puesto negro, y se enrumbó hacia Nueva York, en vez de ir a la Florida. Al día siguiente vimos en las noticias que muchas casas en la Florida habían sido arrasadas por la tormenta—habían sido convertidas en meros escombros. El techo de la iglesia a donde estaba programado para predicar había sido arrancado totalmente. ¡Los vientos habían levantado un carro y puesto enfrente del altar dentro de la iglesia!

No podremos tener idea de la intensidad espiritual de las tormentas por las que atravesamos en la vida porque Dios a menudo nos cubre para no sentir la total ferocidad de los ataques demoníacos de Satanás. El pastor de la iglesia había estado fuera de la ciudad, y estaba regresando a su casa cuando también su avión fue desviado. La única persona en su casa a la hora de la tormenta era su ama de llaves. A ella se le había dicho temprano de ese día que el área iba a ser evacuada, pero ella decidió quedarse. Ella dijo que cuando la tormenta vino, lo hizo con tanta fiereza, que tumbó el pórtico, quebrando las ventanas y absorbiendo una cantidad de agua de la piscina.

La ama de llaves corrió al cuarto del pastor y se ocultó debajo de la cama. Ella clamaba a Dios: "Señor, no tengo a nadie a quien tocar y ponernos de acuerdo". Fue entonces que ella notó un par de zapatos del pastor. Ella colocó ambas manos en los zapatos y comenzó a orar: "Padre, yo misma me pongo de acuerdo con los zapatos que usa para andar del varón de Dios...". El pastor de la iglesia más tarde me llevó para ver los daños de su casa, la que había sido completamente demolida—excepto un cuarto: el dormitorio donde la ama de llaves había estado orando.

Una tormenta vendrá en su vida de la que solamente Dios puede ayudarla a atravesar. Cuando la tormenta pase, usted tendrá una historia para contar a otros acerca de su poder para liberar. La ama de llaves informó que seguido de la tormenta, ella durmió toda la noche agarrada a los zapatos del varón de Dios.

La iglesia fue reconstruida y meses más tarde fui allí a predicar. Mientras estuve allí fui a donde la ama de llaves. Ella me compartió que le había enseñado su pastor que siempre tuviera fe e n Dios, a pesar de las tormentas o circunstancias. No es cuestión de lo que esté atravesando, tenga fe en Dios y agárrese de Él.

No se rinda estando a punto de recibir

La perseverancia espiritual es clave. Muchas veces nos rendimos justo a punto de recibir lo que necesitamos de Dios. ¿Quién conoce la mente de Dios y sus tiempos? Pues tan pronto sentimos como si tenemos resuelto todo lo de Dios, Él actúa de una manera que es diferente al método que esperamos. "*Fíate de*

> *Dios guiará los caminos de aquellos que confían en Él tanto en los buenos tiempos de la vida como en los malos tiempos.*

Jehová de todo tu corazón, y no te apoyes en tu propia prudencia. Reconócelos en todos tus caminos, y Él enderezará tus veredas" (Proverbios 3:5–6). Dios guiará los caminos de aquellos que confían en Él tanto en los buenos tiempos de la vida como en los malos tiempos. Todos hemos tenido malos tiempos cuando no sentimos gusto orando o buscando el rostro de Dios, pero, normalmente, esos los tiempos durante los cuales necesitamos buscar más de Él.

¿Necesita abrirse paso hoy? Persevere en fe y oración, y Dios ¡lo sacará!

Para lo que quiera que usted necesite la sanidad—su cuerpo, su mente, su familia, sus finanzas, o cualquier cosa—confíe en su Padre celestial. Juntémonos en oración para abrirnos paso:

> Padre, me pongo de acuerdo con los que está leyendo este libro hoy para recibir la sanidad y liberación que necesito. Oro para que su fe se levante como nunca antes. No importa cuan difícil puedan parecer las cosas, que tu Espíritu las encuentre donde están para traerles consuelo y fortaleza. Oro para que tu unción llene cada espacio de sus seres. Decreto por la autoridad de Jesús que el diablo no los puede mantener atados. ¡Satanás, retira tus manos de la propiedad de Dios! Ato los demonios y declaro victoria en el nombre de Cristo. Maldigo las adicciones y declaro liberación ahora mismo en el nombre de Jesús. Tócalos Padre Dios, desde la coronilla de sus cabezas hasta las plantas de sus pies. Ábreles paso y libera a cada persona que ahora mismo está poniendo su fe en ti. Amén.

Dios lo ha llevado a usted lejos, y Él ha prometido liberarlo. Adórelo y alábelo para crear la atmósfera para su liberación. Persevere por su sanidad.

> *Humillaos, pues, bajo la ponderosa mano de Dios, para que Él os exalte cuando fuere tiempo; echando toda vuestra ansiedad sobre Él, porque Él tiene cuidado de vosotros. Sed sobrios, y velad; porque vuestro adversario el diablo, como león rugiente, anda alrededor buscando a quien devorar; al cual resistid firmes en la fe, sabiendo que los mismos padecimientos se van cumpliendo en vuestros hermanos en todo el mundo. Más el Dios de toda gracia, que nos llamó a su gloria eterna en Jesucristo, después que hayáis padecido un poco de tiempo, Él mismo os perfeccione, afirme, fortalezca y establezca. A Él sea la gloria y el imperio por los siglos de los siglos. Amén.* (1 Pedro 5:6–11)

Capítulo 10

Ministrando sanidad para otros

Y estas señales seguirán a los que creen: En mi nombre echarán fuera demonios; hablarán nuevas lenguas; tomarán en las manos serpientes, y si bebieren cosa mortífera, no les hará daño; sobre los enfermos pondrá sus manos, y sanarán.
—Marcos 16:17–18

Cuando primero envió a sus doce discípulos a ministrar a la gente, Él les dijo: "*Sanad enfermos, limpiad leprosos, resucitad muertos, echad fuera demonios;* ***de gracia recibisteis, dad de gracia***" (Mateo 10:8, énfasis añadido). Los mismos principios se aplican a nosotros hoy. Así como hemos recibido, debemos dar de gratis. Dios nos ha llamado a ministrar a los otros a como Él nos ministra a nosotros.

> *Por tanto, si sienten algún estímulo en su unión con Cristo, algún consuelo en su amor, algún compañerismo en el Espíritu, algún afecto entrañable, llénenme de alegría teniendo un mismo parecer, un mismo amor, unidos en alma y pensamiento. No hagan nada por egoísmo o vanidad; más bien, con humildad consideren a los demás como superiores a ustedes mismos.*

> *Cada uno debe velar no solo por sus propios intereses sino también por los intereses de los demás.*
> (Filipenses 2:1–4, NVI)

> *Y tú, una vez vuelto, confirma a tus hermanos.*
> (Lucas 22:32)

Cuando ministramos **sanidad espiritual** a otros, somos embajadores de reconciliación:

> [Dios] *nos reconcilió consigo mismo por Cristo, y nos dio el ministerio de la reconciliación; que Dios estaba en Cristo reconciliando consigo al mundo, no tomándoles en cuenta a los hombres sus pecados, y nos encargó a nosotros la palabra de reconciliación. Así que, somos embajadores en nombre de Cristo, como si Dios rogase por medio de nosotros; os rogamos en nombre de Cristo: Reconciliaos con Dios.*
> (2 Corintios 5:18–20)

> *Hermanos, si alguno fuere sorprendido en alguna falta, vosotros que sois espirituales, restauradle con espíritu de mansedumbre, considerándote a ti mismo, no sea que tú también seas tentado. Sobrellevad los unos las cargas de los otros, y cumplid así la ley de Cristo.*
> (Gálatas 6:1–2)

Cuando ministramos **sanidad para el alma,** reflejamos el carácter de Dios:

> *Antes sed benignos unos con otros, misericordiosos, perdonándoos unos a otros, como Dios también os perdonó a vosotros en Cristo.* (Efesios 4:32)

> *Amonesten a los holgazanes, estimulen a los desanimados, ayuden a los débiles y sean pacientes con todos.* (1 Tesalonicenses 5:14, NVI)

Cuando ministramos **sanidad para el cuerpo**, demostramos el poder de Dios:

> *Concede a tus siervos que con todo denuedo hablen tu palabra, mientras extiendes tu mano para que se hagan sanidades y señales y prodigios mediante el nombre de tu santo Hijo Jesús.* (Hechos 4:29–30)

> *Tengo, pues, de qué gloriarme en Cristo Jesús en lo que a Dios se refiere. Porque no osaría hablar sino de lo que Cristo ha hecho por medio de mí para la obediencia de los gentiles, con la palabra y con las obras, con potencia de señales y prodigios, en el poder del Espíritu de Dios.* (Romanos 15:17–19)

Deje que su luz brille

Si usted hace el bien a las personas, ellas verán sus buenas obras y glorificarán a Dios porque lo ven a Él en usted.

Hay personas a quien Dios pondrá alrededor de usted para que dichas personas reciban su sanidad. Sea sanidad espiritual, mental, emocional o física, estamos para orar por estas personas y sembrar la Palabra de Dios y actos de compasión en sus vidas. No estamos para condenarlos por su falta de conocimiento o incredulidad, sino para traerles amor y sanidad. La Biblia dice que si usted hace lo correcto por las personas, ellos verán sus buenas obras y glorificarán a Dios porque ellos lo verán a Él en usted.

"Así alumbre vuestra luz delante de los hombres, para que vean vuestras buenas obras, y glorifiquen a vuestro Padre que está en los cielos" (Mateo 5:16). Permitamos que la gente vea a Dios en nosotros por medio de lo que Jesús nos ordenó que hiciéramos por los demás. *"Porque toda la ley en esta sola palabra se cumple: 'Amarás a tu prójimo como a ti mismo'"* (Gálatas 5:14). Hoy la gente quiere ver nuestras obras, no solo oírnos hablar de Jesús el Salvador. Ellos no siempre entienden todo el fenómeno espiritual. Si ellos oyeran su testimonio milagroso pero luego ven que usted actúa de una manera que contradice el amor de Dios del que usted ha hablado, los confundirá y de igual manera se volverán del camino.

Siga el ejemplo de Jesús. Contrario a muchos de nosotros, después que Jesús ministraba a la gente, Él no se quedaba por allí esperando una palmadita en la espalda. Él simplemente se iba a realizar otros grandes milagros y a esparcir la bondad de Dios. Cuando usted tiene la naturaleza de Jesús, usted no siempre tiene que contarle a todo el mundo lo que hace por otros, solo hágalo.

Ministrando de acuerdo al gon de Dios

Jesús es *"Rey de reyes, y Señor de señores"* (1 Timoteo 6:15) y Él está impactando hoy nuestras vidas de manera notable. Yo voy a muchas cárceles—prisiones de mujeres, prisiones de hombres, centros de detenciones juveniles—visitando prisioneros y predicando sobre el infierno, y tres o cuatro cientos a menudo son salvos al instante. Tristemente, lo juveniles son los más rebeldes. Hoy día, realmente el mundo se debe volver a la cruz de Jesús para salvación, sanidad y liberación.

Mi ministerio se debe al poder y llamado del Señor Jesús. Yo era una ama de casa común, y nunca soñé que iba a hacer lo que estoy haciendo hoy. Todo es por medio de la obediencia a Dios—actuando en lo que Él me llamó a hacer. Nosotros debemos obedecerlo, sin importar la situación de nuestra vida actual y sin importar lo que pensemos que somos capaces.

Muchas veces cuando estoy predicando el Señor envía un ángel que se para junto a la persona que va a recibir sanidad. Cuando veo esto, voy inmediatamente hasta esta persona y comienzo a orar por él o ella. Cada vez que obedezco a Dios, Él siempre sana. Cuando usted es obediente a Él, Él hará lo mismo.

La manifestación de los dones de Dios son diversos, pero todos obran para el mismo propósito—que la gloria de Dios pueda ser cumplida.

> *Ahora bien, hay diversidad de dones, pero el Espíritu es el mismo. Y hay diversidad de ministerios, pero el Señor es el mismo. Y hay diversidad de operaciones, pero Dios, que hace todas las cosas, en todos, es el mismo. Pero a cada uno le es dada la manifestación del Espíritu para provecho.* (1 Corintios 12:4–7)

Cuando Dios le da un poder sobrecogedor, intimidado por la gente—o por el enemigo.

Cualquier don que Dios le da es para ser usados en bien de otros gratuitamente. Cuando Él nos envía a hacer su obra, no podemos perder el tiempo haciéndole preguntas de incredulidad. No podemos retener nuestros dones. El diablo no quiere que usemos esos dones porque sabe que la unción será liberada y muchos serán salvos para el Señor y sanados de sus enfermedades. Cuando Dios le da el poder para vencer, usted se hace osado como un león y ya no mas es intimidado por la gente—o por el enemigo.

Usted nunca debe subestimar a Dios. Cuando Él quiere darle a usted un don, no solo debe recibirlo sino asegurarse que lo va a usar para su gloria. Hace años, cuando por primera vez empecé mi ministerio, mis hijos estaban pequeños, por lo que no salía mucho a ministrar. Pero yo estaba en una maravillosa iglesia, y el pastor dijo que había un niño como de un año y medio de edad que estaba en el hospital. Él quería que uno de nosotros fuera y orara por el niño. Se suponía que le iban a hacer una cirugía dentro de un día o algo así.

Temprano de la mañana siguiente, el Señor me dijo: *Levántate y vete al hospital al piso de los niños.* Así que, obedecí a Él. Fui a la sala de espera en el hospital del niño. Tiempo atrás, no había la seguridad en los hospitales que tenemos ahora y usted podía entrar al hospital y orar por las personas.

Yo no sabía en cual sala estaba el bebé, pero el Señor me mostró un corredor que Él quería que yo entrara. Él me dijo: *Te voy a llevar donde está el bebé.* Seguí por el corredor y en una sala, ví un pequeño niño acostado en una cama que tenía un remate arriba para que el niño no pudiera salirse. Había una placa con su nombre.

El bebé estaba llorando. Puse mis manos sobre su estómago y empecé a orar en el Espíritu Santo por él y se calmó. En eso pasaba una enfermera y le dije: "Estaba orando por el niño". Ella dijo: "Eso está bueno. En realidad él necesita oración". Después de orar regresé a casa.

Una amiga mía había estado en el hospital ese mismo día, y llamó para compartir conmigo un extraño caso que había sucedido mientras ella estaba allí. "Trajeron a un muchacho autista que se tragó un resorte del colchón", dijo ella. "Iban a operarlo y oré por él para que no tuvieran que operarlo debido a su estado mental que estaba. Ellos ya lo iban a operar pero notaron que ya no estaba llorando, por lo que lo llevaron a rayos X de nuevo y vieron que el resorte ya había desaparecido". Yo entendí que este era el mismo niño a quien puse mis manos por la mañana de ese día. Gracias Dios porque no me mostró cual era su dolencia porque yo probablemente no me hubiera apresurado a poner mis manos sobre su estómago por temor a no lastimarlo. Dios sabe exactamente que revelarnos a nosotros y a qué hora para que su voluntad se cumplida.

¡Dios puede hacerlo todo! Usted tiene que creer en Dios y que todavía Él es un obrador de milagros. Es Dios haciendo los milagros y no nosotros. Cuando recordamos que, quitar la presión de nosotros y poner la gloria de lo milagroso a donde corresponden—sobre Él.

¡Siga adelante!

Nosotros debería *"no cansarnos de hacer el bien"* (2 Tesalonicenses 3:13), porque Dios siempre está obrando tras bastidores. A medida que Él nos usa para bendecir a otros, nos está bendiciendo a nosotros en el proceso. No siempre podemos ser capaces de ver lo que Dios está haciendo, pero está obrando cosas a nuestro favor. Si continuamos manteniendo la fe y no rindiéndonos, veremos la manifestación de nuestro compromiso con Él por medio de nuestras vidas diarias.

A medida que Él nos usa para bendecir a otros, nos está bendiciendo a nosotros en el proceso.

Una vez fui a una iglesia a predicar y el pastor me compartió el problema que estaba teniendo con una hermana miembro en su iglesia. "Mary", me dijo él, "hay una dama que viene a mi en cada servicio y me pide que ore por ella. Cada vez es por una dolencia diferente, su estómago, sus ojos, los dedos de sus pies, su cabeza, cualquier cosa. En cada servicio me exaspera y me pide que ore por ella. Por tanto, Mary, ora y pídele a Dios el por qué tengo que hacer esto". Por lo que me puse a orar por este hombre. Cuando empecé a orar por él, ví una visión de él poniendo sus manos sobre cabeza de la mujer. Un ángel estaba por ahí cerca, escribiendo cada vez que él oraba por ella y de lo que oraba. El ángel me miró y sonrió, y dijo: "Él tendrá una recompensa en el cielo por cada parte del cuerpo de ella que él oró". Cuando compartí esto con el pastor, él comenzó a gritar de gozo.

Esto no quiere decir que vamos a orar por las personas solo para obtener parte de Dios, más bien es un recordatorio de que nosotros nunca conocemos el plan de Dios y por qué Él nos pide hacer cosas que comúnmente no hacemos. Mientras usted está seguro que está escuchando de Dios, no se debe apresurar a actuar sobre sus instrucciones. *"Así que, hermanos míos amados, estad firmes y constantes, creciendo en la obra del Señor siempre, sabiendo que vuestro trabajo en el Señor no es en vano"* (1 Corintios 15:58).

Una vez, mientras estaba por hablar en una iglesia, me estaba quejando a Dios acerca de cómo estaba siendo tratado allí. El Señor me dijo: "Mira hacia esa pared". Miré hacia la pared cerca de mí y ví que era un mural de la Vía Dolorosa—el camino del sufrimiento de Cristo. A medida que continuaba fijándome en la pared, el Señor me dijo: "Tú solamente has comenzado a sufrir. Échale un vistazo a esto". Yo ví en una visión el día que Cristo fue crucificado. Lo ví cargando la cruz, la que era alta y muy astillada. Las astillas penetraban en su espalda y la sangre corría por todo su cuerpo. Él se resbalaba y caía sobre su propia sangre. Él me miró, sangrante y magullado, y dijo: "Sigue adelante". Yo podía sentirlo que continuaba hablando a mi corazón: "Yo morí por algo como esto. Sigue adelante". Me comencé a sentir avergonzada de como yo había estado actuando y me arrepentí ante Dios. Luego, mientras comenzaba a hablarle a la congregación, la unción del Señor cayó en todo el lugar. El altar se llenó con aquellos que querían rendir sus vidas a Cristo.

Usted tiene que seguir adelante, no importa que. Olvide el pasado y sacúdase toda la basura que lo está deteniendo de recibir lo que usted necesita de Dios para que usted pueda ser de bendición para otros. Hoy hay muchas tentaciones, pero deje que nuestros deseos sean tener a Dios en nuestros corazones y siempre hacer la voluntad del Padre.

Frustrando al enemigo

> *Porque no atenemos lucha contra sangre y carne, sino contra principados, contra potestades, contra los gobernadores de las tinieblas de este siglo, contra huestes espirituales de maldad en las regiones celestes.*
>
> (Efesios 6:12)

> *Cuando sabemos cómo andamos delante de Dios, no podemos ser derrotados.*

Para ministrar, debemos ser conscientes de que hay una guerra espiritual continua entre el bien y el mal. Entre ejércitos del cielo y ejércitos de maldad. Malos espíritus bajo el gobierno de Satanás, están tratando de as altar los lugares celestiales y afectar nuestras vidas, y tenemos que rechazarlos en el nombre de Jesús. Literalmente estamos en la lucha de nuestras vidas porque el diablo es osado. Él se mostrará justo en medio de nuestros servicios de oraciones y tratará de distraernos y evitar que recibamos lo que necesitamos de Dios. Pero cuando sabemos dónde estamos parados en Dios, no podemos ser derrotados. Nosotros inmediatamente reconocemos al enemigo y lo rechazamos de los lugares celestiales mientras mantenemos la verdad de la Palabra de Dios. Jesús dijo:

> *He aquí os doy potestad de hollar serpientes y escorpiones, y sobre toda fuerza del enemigo, y nada os dañará. Pero no os regocijéis de que los espíritus se os sujetan, sino regocijaos de que vuestros nombres están escritos en los cielos.* (Lucas 10:19–20)

Una vez, yo estaba ministrando en Malasia, y el Señor me orientó: *En la reunión va a estar una mujer que es bruja y viene para clamar que le eches fuera de ella el diablo. Y ella va a hacer cuadros para deshacer la reunión, y los niños van a salir corriendo fuera de la puerta. Pero no la toques. No te molestes por ella; solo mantente yendo y viniendo en la línea.*

"Esta bien, Señor, ¿que quieres que haga yo?", le pregunté a Él, porque en ese punto yo no sabía si debía llamar a la línea de oración o no.

Cuando el pastor te pida que ores por la gente, solo tócalos a ellos y mantente en movimiento para un lado y otro de la línea, respondió el Señor.

Y bien, efectivamente, después del servicio, el pastor vino a mí y me dijo: "Hay un grupo de jóvenes aquí y quiero que ores por ellos antes que prediques". Yo le contesté: "Está bien". Mientras bajaba a la línea, yo solo los tocaba y bendecía a cada uno muy rápidamente. Entonces, vino donde estaba esta mujer de la que el Señor me había advertido.

Ella me quedó viendo, y de repente sus ojos le daban vueltas en todas direcciones. Yo seguí las instrucciones dadas por el Señor y continué bendiciendo al resto de jóvenes, y luego me regresé a mi asiento. Todos los jóvenes dedicaron de nuevo sus vidas a Dios y Dios sabía que el diablo había estado tratando de evitar esto.

Había varios miles de personas en la reunión, por lo que la seguridad puso cuerdas en ciertas secciones. De repente, esta dama cruzó la zona de seguridad abriéndose paso hasta mí, y dijo: "¿No vistes los diablos en mí? ¿No vas a orar por mí?" El personal de seguridad estaba hacienda su trabajo en el estrado cuando le respondí: "No, señora. Puede quedarse con sus diablos. No estoy para echarlos fuera".

Esto parece cruel, pero recuerde, Dios ya me lo había advertido lo de las intenciones de esta dama, y estaba determinada a seguir la dirección de Dios y no la mía. La dama se puso tan furiosa conmigo que se salió de la reunión y pronto regresó con toda clase de brujas y brujos. Estaban atrás del lugar de la reunión, pero usted podía oírlos. Todo lo que yo pude decir, fue: "Alabado se a Dios, voy a predicar sobre el fuego del infierno y azufre".

Había doscientos pastores allí, y al final de la reunión uno de ellos me dijo: "Hermana Mary, venga. Vamos atrás y vea la conmoción de todo esto".

"Ya sé lo que es", le dije.

Mientras caminábamos, uno de los brujos corrió hacia el pastor y trató de estrangularlo. Para ahora, todo mundo había salido de la reunión excepto por unos pocos de nosotros. Antes de que el brujo pudiera estrangularlo, algo que no pudimos ver literalmente, levantó al brujo y lo lanzó afuera del camino. Yo sé que este fue un ángel del Señor protegiendo al pastor. ¿Agradecimos a Dios! Luego, aquellas brujas y brujos comenzaron a salir corriendo de la iglesia, dirigidos por la dama que se me había acercado anteriormente.

Todo tiene que hacerse en el tiempo de Dios. Algunas veces, el diablo envía distracciones para evitar que las masas reciban lo que ellas realmente necesitan y desean de Dios. Por eso es que hoy, más que nunca antes, debemos ser capaces de discernir la voz del Señor. Cuando Él dice: "¡Manos arriba! Es ¡manos arriba!". Las Escrituras dicen que no debemos poner las manos sobre ningún hombre o mujer apresuradamente. (Véase 1 Timoteo 5:22). En cambio, en todas las cosas, debemos buscar la voluntad de Dios. Y debemos saber que, por medio de Cristo, Dios ha puesto al diablo bajo la planta de nuestros pies.

> *Digo: ¿Que es el hombre, para que tengas de él memoria, y el hijo del hombre, para que lo visites? Le has hecho poco menor que los ángeles, y lo coronaste de gloria y de honra. Le hiciste señorear sobre las obras de tus manos; todo lo pusiste debajo de sus pies.*
> (Salmo 8:4–6)

> *Hollaréis a los malos, los cuales serán cenizas bajo las plantas de vuestros pies.* (Malaquías 4:3)

> *Quiero que seáis sabios para el bien, e ingeniosos para el mal. Y el Dios de paz aplastará en breve a Satanás bajo vuestros pies.* (Romanos 16:19–20)

Una vez, una amiga mía que por años había intercesora para mí, tuvo cáncer. El Señor vino a la mitad de la noche y me dijo: *Estoy poniendo una unción especial en ti por ella. Ve y ora por ella y yo la sanaré del cáncer.* Esa mañana, hubo una llamada a la puerta, y era otra amiga a quien no había visto por años. Ella había venido inesperadamente para pasar el fin de semana conmigo. La invité a que me acompañara pues yo ya estaba por salir.

Así que, salimos. El viaje debió habernos tomado solo hora y media, sin embargo, ¡nos tomó siete horas para llegar allá! La amiga a quien había invitado que fuera conmigo, tuvo un trastorno estomacal, por lo que teníamos que ir parando en varios servicios higiénicos a lo largo del camino para aliviar su problema.

Cuando paramos en un servicio higiénico, oré: "Dios, el diablo no quiere que interceda por mi amiga para que sane. Él no quiere que impongas mis manos sobre ella". Cuando salimos de regreso a la auto pista, ¿y no podrían saber qué? Entré en una construcción y estaba el tráfico pegado guardafango con guardafango por otra hora más y con mi amiga en el carro junto a mí quejándose de nuevo que tenía que usar un inodoro. "Bien, sal y vé a uno de esos pequeños inodoros portátiles Porta-Potties que usan los hombres", le contesté en mi frustración.

Finalmente, al hogar de la intercesión. Eran después de las siete, y yo había empezado mi viaje por la mañana. Entré rápidamente a la casa, y sin titubear, le expliqué: "No digas una palabra. ¡Tengo que orar por ti ahora mismo!" Ella contestó: "Oh, yo sé. El Señor me mostró, pero también me mostró que el diablo no quería que llegaras aquí". Bien, finalmente puse mis manos sobre su pecho y el poder de Dios pasó a través d e ella y la sanó de aquel cáncer. ¡Alabado sea Dios!

La verdad lo que Dios quiere es que yo le comunique a usted que por medio del nombre de Jesús, usted obtiene la victoria sobre el diablo. El enemigo puede golpearlo con un ataque, pero no puede levantarse contra la luz y poder del Señor.

> *Puded que el enemigo le ataque, pero no podrá resistir a la luz y el poder del Señor.*

Debemos estar en guardia. Muchas veces el enemigo va a vendrá cuando estemos cansados o cuando hayamos estado buscando liberación del Señor. Una vez, mientras dormía en cama, de repente sentí como si alguna cosa me había congelado. No podía moverme. Yo estaba tan enojado que dije: "¡Diablo, como quiere que yo esté, suéltame de esto, te va a tener que ir!" Comencé a clamar el nombre de Jesús y a repetir: "La sangre de Jesús, la sangre de Jesús, la sangre de Jesús, la sangre de Jesús", y él se fue.

Después, en una visión, el Espíritu Santo tomó mis ojos sobre cuatro estados: Florida, Georgia, Tennessee y West Virginia. Ví un almacén y Dios retiró las paredes de manera que yo pude ver doce personas rodeándose con sus brazos, cantando. Lo primero que yo pensé fue: *Bien, eso quiere decir que doce diablos vienen contra un pequeño cristiano.* Luego ví una gran serpiente que trataba de atacarme. Empecé a preguntarle al Señor: "¿Que quieres que yo haga?" *Recházala en el nombre de Jesús,* fue su respuesta. Por tanto, eso fue lo que hice. Cuando yo rechacé esta cosa, inmediatamente retrocedió y se volvió en una bocanada de humo. Entonces los ángeles del Señor vinieron y ahuyentaron a los que estaban cantando. Ellos huyeron dando alaridos.

Más tarde, un hombre que había sido liberado de ocultismo el significado de la visión. Me explicó que los que practican el ocultismo tenían una lista negra de personas de doce estados diferentes que están creciendo en el Señor. Él contó que se reunían por lo menos una vez al mes y planean como causar a ciertos una cantidad de dolores de cabeza y sufrimientos. Él me explicó que cuando sentimos estos ataques, si empezamos a orar en el Espíritu Santo, entonces el Espíritu Santo nos protegerá de esos ardides. Algunas veces, estamos tan cansados que no escuchamos. Sin embargo, si usted se unge a sí mismo y ora y busca a Dios, usted ganará. Por fe marchamos hacia la línea de la victoria con el Señor Jesucristo.

Tenemos que creer que Dios puede ayudarnos. Solo cuando Dios está por bendecirnos es que le diablo ataca. Por tanto, pidámosle a Dios: "Señor, ¿por qué tengo que atravesar por esto, solo para recibir lo que tú tienes para mí?". Empezamos a dudar de Dios y empezamos aun a pensar que Él ya no se preocupa de nosotros. Debemos renovar nuestra fe y avanzar, no importa que, porque Uno más grande vive dentro de nosotros. (Véase 1 Juan 4:4). Aun cuando nos sintamos tan mal que solo el pensamiento de sanidad pareciera fuera de nuestro alcance, debemos agarrarnos de Dios y creer que nuestra sanidad ya está realizada.

> *Es, pues, la fe la certeza de lo que se espera, la convicción de lo que no se ve. Porque por ella alcanzaron buen testimonio los antiguos. Por la fe entendemos haber sido constituido el universo por la Palabra de Dios, de modo que lo que se ve fue hecho de lo que no se veía.* (Hebreos 11:1–3)

Listo para recibir el derramamiento milagroso de Dios

No podemos olvidar a Dios por ninguna razón. Sea que Él llame nuestra atención por medio de sueños, visiones o pruebas, Él llamará nuestra atención. Dios está a punto de dejar caer la lluvia de su justicia sobre su pueblo. Debemos estar preparados para el gran avivamiento que Dios está por permitirnos experimentar sobre la tierra.

> *Porque si aquel primero hubiera sido sin defecto, ciertamente no se hubiera procurado lugar para el segundo. Porque reprendiéndolos dice: He aquí vienen días, dice el Señor, en que estableceré con la casa de Israel y la casa de Judá un nuevo pacto; no como el pacto que hice con sus padres el día que los tome de la mano para sacarlos de la tierra de Egipto; porque ellos no permanecieron en mi pacto, y me desentendí de ellos, dice el Señor. Por lo cual, este es el pacto que haré con la casa de Israel después de aquellos días, dice el Señor; pondré mis leyes en la mente de ellos, y sobre su corazón las escribiré; y seré a ellos por Dios, y ellos me serán a mí por pueblo; y ninguno enseñará a su prójimo, ni ninguno a su hermano, diciendo: Conoce al Señor; porque todos me conocerán, desde el menor hasta el mayor de ellos.* (Hebreos 8:7–11)

La iglesia volverá a experimentar sanidades sobrenaturales y poderosas manifestaciones como en sus primeros días.

La iglesia volverá a experimentar sanidades sobrenaturales y poderosas manifestaciones como en sus primeros días. Sin embargo, vamos a tener que desarrollar nuevas actitudes y estar listos para recibir lo que Dios está por hacer en la tierra. Ya no tendremos más iglesias como las actuales e ir a los negocios del Padre con complacencia. Los negocios del Padre requieren diligencia. Aun en nuestra frustración, tenemos que ejercer la paciencia de Dios y continuar creyendo que Él lo que está haciendo y que está en control de nuestras vidas.

Dios nos ama, y Él es al Único que debemos mirar para nuestra sanidad. Si no fuera por su provisión por medio de la sangre de Jesús, no podríamos llegar al cielo o recibir nuestra sanidad. No nos rindamos jamás con Dios ni nos rindamos en nuestras oraciones unos por los otros. "*Orando en todo tiempo con toda oración y súplica en el Espíritu, y velando en ello con toda perseverancia y súplica por todos los santos*" (Efesios 6:18). Somos un pueblo que necesita sanidad y la sanidad no viene a menos que nos sujetemos a Dios.

Capítulo 11

SANIDAD PARA LAS NACIONES

Bendiciones de Dios para el mundo

por George Bloomer

Enjugará Dios toda lágrima de los ojos de ellos; y ya no habrá muerte, ni habrá más llanto, ni clamor, ni dolor; porque las primeras cosas pasaron. Y el que estaba sentado en el trono dijo: He aquí, yo hago nuevas todas las cosas.
—Apocalipsis 21:4–5

Antes de terminar nuestra exposición sobre la sanidad, debemos hacer ver la necesidad de la sanidad en el contexto de nuestras naciones y el mundo. Por años hemos oído muchas noticias desalentadoras acerca de la tierra, lo cual ha reducido la fe a la pura pasta. Donde la anticipación para el futuro una vez reinó en sus corazones, ahora ha sido reemplazada por el temor. Sin embargo, Dios reina, y nosotros nunca estamos sin esperanza. Dios es y siempre sera el Único que está en control.

> [Nosotros] *nos gloriamos en la esperanza de la gloria de Dios. Y no solo esto, sino que también nos gloriamos en las tribulaciones, sabiendo que la tribulación produce paciencia; y la paciencia, prueba y la prueba, esperanza; y la esperanza no avergüenza; porque el amor de Dios ha sido derramado en nuestros*

> *corazones por el Espíritu Santo que nos fue dado.*
> (Romanos 5:2–5)

La naturaleza de las enfermedades del mundo incluyen cosas tales como el odio, el abuso, la opresión, conflictos raciales, homicidio, "limpieza" étnica, guerra, y desastres catastróficos naturales. Jesús mencionó tales desordenes como dirigiéndose a magnificar el terror que el mundo experimentará antes del final del tiempo.

> *Y oiréis de guerras y rumores de guerras; mirad que no os turbéis, porque es necesario que todo esto acontezca; pero aún no es el fin. Porque se levantará nación contra nación, y reino contra reino; y habrá pestes, y hambres, y terremotos en diferentes lugares. Y todo esto será principio de dolores.* (Mateo 24:6–8)

Hay Esperanza, y su nombre es Jesús.

Estos problemas y calamidades son síntomas de un mundo en peligro. El mundo está tan enfermo que experimentamos los cambios destructivos del tiempo y condiciones tan fuertes como fuertes huracanes, tsunamis, deslizamientos de tierra, incendios salvajes, erupciones volcánicas, tierras áridas, hambrunas, aires tóxicos, y aguas contaminadas. Agregado as estos síntomas en el mundo físico, estamos experimentando sistemas financieros débiles y abrumadores problemas políticos y sociales. Tenemos numerosas enfermedades y padecimientos para lo cual los investigadores no pueden encontrar una cura. Si alguna vez hemos necesitado la gracia de Dios y su poder sanador, ahora es el tiempo. ¡Necesitamos sanidad!

No hay "píldora" que el planeta Tierra pueda tomar para sus cenizas y penas. No existe tratamiento de radiación que pueda disolver su cáncer. Está enfermo, está muriendo...sin embargo, repito, hay Esperanza, y su nombre es Jesús.

> *Porque el anhelo ardiente de la creación es el aguardar la manifestación de los hijos de Dios. Porque la creación fue sujetada a vanidad, no por su propia voluntad, sino por causa del que la sujetó en esperanza; porque también la creación misma será liberada de la esclavitud de la corrupción, a la libertad gloriosa de los hijos de Dios. Porque sabemos que toda la creación gime a una, y a una está con dolores de parto hasta ahora.* (Romanos 8:19–22)

Orar por la sanidad de las naciones

Últimamente, el Señor me ha estado hablando por sueños. Él siempre ha tratado conmigo en visiones y sueños, pero en los años recientes estos han aumentado. En 1999 tuve una serie de sueños que ha dejado intrigada y perpleja mi mente. Muchas veces, en los sueños, yo me acercaba a un hombre bien vestido. También se me acercaban ángeles, pero no había nada extrordinario en ellos, no tenían cuatro caras, ni eran seis criaturas aladas con voces fuertes o de apariencia terrible. (Véase Isaías 6:1–4; Apocalipsis 4:6–8). No había espadas flameantes o escudos hechos de hierro, solo hombres vestidos con trajes negros. Yo no sé si el Señor sintió que yo no podía manejar las cosas místicas en ese tiempo o si Él solo quería que los ángeles aparecieran en trajes negros para hablarme, pero lo extraño de esta cosa es que cuando hablaban, nunca movían sus bocas. Se comunicaban por telepatía—de mente a mente.

En un sueño particular, yo fui guiada por estos ángeles bien vestidos a un largo corredor oscuro. Una luz brillaba solo a unas pulgadas frente a nosotros—quizás a un pie a dos. Era como estar en una mina subterránea y llevando un casco duro con una luz atada al frente para iluminar el camino directamente al frente d e usted. O, como manejar en una autopista atravesando espesa niebla, donde las luces altas le impiden su visión por lo que tiene que usar las luces bajas, las cuales le dan luz suficiente para ver las franjas reflectoras del camino. En un punto, parecía como si íbamos recto. Luego, habían instantes que parecía como si fuéramos en espiral, y luego el camino adelante se nos revelaba solamente en el aumento de pulgadas.

Un miedo increíble cayó sobre mí y comencé a preguntarme en mi mente por qué estábamos aquí. Pero tan rápido como pude pensar tales ideas, los ángeles me daban una respuesta. Si sentía miedo, ellos decían: *No temas.* Si me hacía una pregunta en mi mente: *¿A dónde vamos ahora?* Ellos respondían: *A su tiempo se te revelará.* Ellos leían mi mente y contestaban mis preguntas. Ellos vigilaban mis emociones y calmaban mis temores. Aún seguíamos caminando—hacia arriba, abajo, derecho o en círculos, así caminamos. Me parecía que habíamos caminado un día o algo así, pero nunca me cansaba. Era como si yo tuviera un cuerpo renovado.

A medida que caminábamos, la oscuridad se intensificaba y ruidos empezaron a aompañar a la espesa oscuridad: gritos, gemidos, gruñidos, sonidos de agonía, jadeos, exhalaciones profundas, y aun ruidos amordazados. Pensé para mí misma, *¿Estamos en el infierno?* Y el angel rápidamente contestó: *Lejos de eso.* Yo pensé de nuevo: *¿Dónde estamos?* Y él respondió: *Se te será revelado a su debido tiempo.* Luego dijo: *Mira hacia el frente, no mires ni a derecha ni a izquierda.*

Ahora recuerdo que estábamos en un túnel, pasillo o cueva y era una total oscuridad. Era una clase de oscuridad que yo nunca había experimentado antes. Otra vez, nuestro camino todavía estaba siendo revelado a nosotros en aumento de pulgadas. Aunque yo estaba en un sueño o visión, aun experimentaba reacciones humanas y no había nada "celestial" en mí. Yo era una humana viajando en el mundo del espíritu. Yo probablemente nunca hubiera pensado mirar a mi derecho o izquierda si el ángel no me lo menciona, pero el hecho de que él me lo mencionara me hizo ser curiosa. Me mantuve a distancia de no mirar por un rato, pero cuando ya no pude controlar mi curiosidad, miré a mi izquierda. Allí ví a criaturas horribles, dolencias, enfermedades, y gérmenes. Ví cáncer, SIDA, enfermedades mentales, esquizofrenia, glaucoma, artritis, Alzheimer y demencia. Estaban vivos y buenos y banqueteándose con los seres humanos en estas cámaras detrás de algo que parecía como un plancha de vidrio. Había un campo de fuerza alrededor de estas criaturas, así también como ángeles sosteniendo la cura. Los ángeles miraban sobre estas vistas horribles, sin embargo, ellos no podían alcanzar a las personas.

Oí al Señor decir: "Orad por la sanidad de las naciones". Luego, me volví a los ángeles que estaban conmigo y les pregunté repetidas veces: "¿Vieron eso? ¿Vieron eso? ¿Vieron eso?" pues al momento dije la palabra *eso*, ví una cámara y otra y otra, y antes de que el ángel pudiera responderme había visto diez o veinte cámaras.

Nos estábamos moviendo rápidamente, y la cueva estaba ahora bien iluminada a los lados, pero oscuro al frente y atrás de nosotros. A mi derecha y a mi izquierda, más y más enfermedades y padecimientos iban siendo reveladas. Afuera de cada cámara de pie un ángel llorando con una cura en su mano y la Voz amonestando intensamente: "¡Orad por las naciones!".

Los sonidos se intensificaron—gritos, silbidos, jadeos, chillidos, risas horripilantes, gemidos, llantos. Luego oí lo que sonaba como miles de voces cantando y alabando a Dios: "¡Te amo Señor!" Miles de voces estaban diciendo al unísono: "¡No hay nadie como tú!" y "No importa qué, ¡yo te alabo! Si no me sanas, yo te alabaré. Santo es el Cordero. No hay nadie como tú en toda la tierra!" Miles de miles de cantos hacían eco en esta cámara, confrontando la agonía de las voces del tormento. Usted podía oír las voces de alabanzas sobre las voces de la agonía. Yo le pregunté al ángel: "¿Dónde estamos y qué es este lugar?" Y él contestó: *Estamos donde las alabanzas van ante Dios y es glorificado por ellas.* Parecía como si, ante Dios podía recibirse gloria de nuestras alabanzas, ellas tenían que ser procesadas. Cuando podemos alabar a Dios sin importar por lo que estemos atravesando o en medio tiempos duros o situaciones difíciles, entonces nuestras alabanzas son purificadas y Dios es adorado.

Cuando podemos alabar a Dios sin importar las situaciones difíciles, entonces nuestras alabanzas son purificadas y Dios es adorado.

De repente, pareció como si habíamos dejado de caminar pero íbamos hacia adelante en un movimiento de caminar como los de los aeropuertos. El piso debajo de nosotros nos llevaba con una rapidez sobrenatural a través del túnel y luego paramos. Llegamos a una bóveda. Parecía como las grandes bóvedas que utilizaban los bancos en los años 1930, que eran necesarios dos o tres hombres para abrirlo. Sin embargo, esta bóveda se activaba por medio de voz.

Todavía oíamos los coros de las miles de voces acopladas con los gritos de horror y agonía, y esperamos allí por ángel que tenía la autoridad para abrir la bóveda. Cuando el ángel vino, fue la primer "mirada convencional" de ángel que siempre ví. Repito, la mayoría de las veces que he visto un ángel en visión o sueño, estado vestido de Negro, pero éste se ajustaba a la descripción de los libros de cuentos de ángeles. Él parecía tener entre diecisiete y veinte pies de alto, tenía cabellos dorados, muchos brazos y enormes, alas de plumas. El final de las alas eran blancas, como el color de las plumas de las palomas. El tronco de las alas era negro oscuro, similar en apariencia a la de los pichones o plumas de águila ratonera.

A medida que el ángel se movía, usted podía oír sonidos sinfónicos, como si la música del cielo acompañara su aparición, y cuando él se apareció allí no había oscuridad ni luces. Yo no podía ayudar sino pensar para mí misma: *Quizás este sea Gabriel, Miguel o aun Jesús disfrazado*. Pero el ángel que me acompañaba, se volvió, me miró y dijo: *Ninguno de los de arriba*. Entonces el ángel con alas que utilizaba su voz para activar la combinación de la bóveda, me dijo: *Solo Él que era y es y será para siempre merece ese tipo de alabanza*. Él habló unas palabras sinfónicas y la bóveda se abrió. Pasamos adentro, y había una selva de árboles. Cada árbol tenía hojas. Escrita en las hojas estaba la palabra *sanidad* en letras mayúsculas y debajo de esa, en letras pequeñas, ví el nombre de la enfermedad que esta hoja podía curar. Inmediatamente comprendí que estaba en una cámara del cielo. Los árboles y las hojas eran como el Árbol de la Vida mencionado en el libro de Apocalipsis, cuyas hojas eran para "*la sanidad de las naciones*".

> *En medio de la calle de la ciudad, y a uno y otro lado del río, estaba, que produce doce frutos, dando cada*

> *mes un fruto; y las hojas del árbol eran para la sanidad de las naciones.* (Apocalipsis 22:2)

El ángel se volvió a mí y dijo: *Esto es para lo que Dios quiere que nosotros oremos: Que su voluntad sea hecha en la tierra así como en el cielo.* Jesús nos ordenó orar lo mismo que en Padre nuestro. (Véase Mateo 6:10; Lucas 11:2). La voluntad de Dios es que nosotros prosperemos y estemos en salud así como prospera nuestra alma. (Véase 3 Juan 1:2).

Preparándose para tiempos difíciles

Mientras oramos por la sanidad de las naciones, debemos mantenemos cerca de Dios, y aplicar su sabiduría para tiempos difíciles en los que vivimos. A principios del 2004—antes de la primera crisis de viviendas hipotecarias, antes que los bancos empezaran a fallar, y antes de los altos precios de la gasolina del 2008—el Señor empezó a ministrarme acerca de nuestra fallida economía en forma de una serie de sueños.

En un sueño, yo visité una colonia de hormigas, donde las hormigas obreras y las hormigas soldados fueron convocadas al salón del trono de la reina. Al entrar al salón del trono, noté que había reinas en guerra una a otra por el trono. El reino de las hormigas estaba en completo desorden, era pura anarquía, y los abastecimientos de alimentos eran insuficientes. A las 2:45 a.m. desperté del sueño, totalmente confundida y temerosa—sabiendo poco a nada de las hormigas. Por lo que me dediqué a investigar la naturaleza de las hormigas. Lo siguiente es lo que encontré del sitio web de *National Geographic* en ese tiempo:

> Alrededor del mundo existen más de 10.000 especies de hormigas conocidas. Las hormigas son

criaturas muy determinadas y organizadas, pero mirándolas desde el exterior, pareciera que todas ellas están haciendo el caos. Las colonias de hormigas son guiadas por las reinas, y sus funciones son poner huevos—miles de huevos. Una hormiga reina puede poner hasta 200 huevos en una hora. Ella pone más hormigas hembras, que son las hormigas obreras encargadas de juntar alimentos para la colonia y proteger a la reina. Las hormigas machos son para propósitos de apareamiento. Las hormigas obreras son sin alas y nunca se reproducen. Su trabajo es simplemente buscar forraje para el alimento, cuidar de la colonia y los huevos de la reina y cuidar del nido. En el caso de las hormigas de fuego, su propósito es construir las más grandes colonias posibles, cuanto más grandes, más oportunidad tienen para sobrevivir. Para cumplir su crecimiento, ellas con frecuencia secuestran las hormigas larvas de otras colonias y traen su robo a la reina. Algunas veces, dos reinas hacen un equipo y se juntan para construir una enorme colonia. Sin embargo, lo desafortunado de esto es que solo una reina sobrevivirá. De algún modo, las otras hormigas en la colonia deciden cual reina prefieren, entonces la otra reina es muerta por decapitación.[5]

Mirando de cerca nuestra situación mundial desde afuera, pareciera como si nuestras vidas estuvieran en complete desorden. La gente de la tierra se está escabullendo, aparentemente hacienda lo suyo propio. Podemos ser tentados a caer en el mismo patrón cuando fallamos

[5] *National Geographic,* http://animals.nationalgeogrpahic.com/animals/bugs/ant.html.

en comprender que nuestros pasos están siendo ordenados por Dios. *"Por Jehová son ordenados los pasos del hombre, y Él aprueba su camino"* (Salmo 37:23). Cuanto más la gente trate de reemplazar a nuestro Rey con falsos dioses para satisfacer su búsqueda de poder u otras formas de auto gratificación, hay y siempre permanecerá solo un verdadero Dios viviente—el Hacedor y Sanador de individuos, familias, naciones y toda la tierra.

Mientras mi sueño describía el caos del mundo sin Dios como nuestro Líder, las hormigas en el mundo físico pueden enseñarnos algunas lecciones espirituales. El libro de Proverbios resalta algunas de estas. El capítulo sexto de Proverbios nos ordena considerar de la manera como las hormigas obtienen sabiduría:

> *Vé a la hormiga, oh perezoso, mira sus caminos, y sé sabio; la cual no teniendo capitán, ni gobernador, ni señor, prepara en el verano su comida, y recoge en el tiempo de la siega su mantenimiento.*
>
> (Proverbios 6:6–8)

Las hormigas están bien preparadas para las inclemencias del tiempo. Ellas no esperan la llegada de malas condiciones para juntar las cosas que necesitan para sobrevivir. De igual manera, nosotros necesitamos juntar alimento espiritual que nos sustente en estos tiempos difíciles. La Palabra de Dios es nuestro "alimento", es nutriente para nuestros espíritus, almas y cuerpos.

> *Trabajad, no por la comida que perece, sino por la comida que a vida eternal permanece, la cual el Hijo del Hombre os dará; porque a Éste señaló Dios el Padre.... De cierto, de cierto os* [Jesús] *digo: No os dio Moisés el*

pan del cielo, mas mi Padre os da el verdadero pan del cielo. Porque el pan de Dios es aquel que descendió del cielo y da vida al mundo.... Yo soy el pan de vida; el que a mí viene, nunca tendrá hambre; y el que en mí cree, no tendrá sed jamás. (Juan 6:27, 32–33, 35)

Mi comida es que haga la voluntad del que me envió, y que acabe su obra. (Juan 4:34)

Y todo aquel que participa en la leche es inexperto en la palabra de justicia, porque es niño; pero el alimento sólido es para los que han alcanzado madurez, para los que por e l uso tienen los sentidos ejercitados en el discernimiento del bien y del mal.

(Hebreos 5:13–14)

Con todo mi corazón te he buscado; no me dejes desviarme de tus mandamientos. En mi corazón he guardado tus dichos, para no pecar contra ti. Bendito tú, oh Jehová; enséñame tus estatutos. Con mis labios he contado todos los juicios de tu boca. Me he gozado en el camino de tus testimonios más que de toda riqueza. En tus mandamientos meditaré; consideraré tus caminos. Me regocijaré en tus estatutos; no me olvidaré de tus palabras. Haz bien a tu siervo; que viva, y guarde tu palabra. Abre mis ojos, y miraré las maravillas de tu ley.... Acuérdate de la palabra dada a tu siervo, en la cual me has hecho esperar. Ella es mi consuelo en mi aflicción, porque tu dicho me ha vivificado.

(Salmo 119:10–18, 49–50)

Del mandamiento de sus labios nunca me separé; guardé las palabras de su boca más que mi comida.

(Job 23:12)

Debemos juntar la Palabra de Dios dentro de nuestros espíritus y edificar nuestra "*santísima fe*" (Judas 20). Luego, cuando el diablo venga buscando destruir nuestros espíritus, almas y cuerpos—el tempo del Espíritu Santo—ya estaremos llenos con el Pan de Vida.

Además, instintivamente las hormigas protegen a la que les da la vida—la reina—para sobrevivir. De manera similar, nosotros siempre debemos mirar a Dios como nuestro dador de Vida, Sanador y Sustentador, pues Él vino a darnos vida más abundantemente. (Véase Juan 10:10).

"*Las hormigas, pueblo no fuerte, y en el verano preparan su comida*" (Proverbios 30:25). Las hormigas no son fuertes en el sentido que ellas son criaturas pequeñitas cuyas vidas se pueden extinguir en cuestión de un momento. Sin embargo, tienen la capacidad de llevar cosas que son diez veces el tamaño de su cuerpo. Tienen resistencia y vigor. Ellas ponen estas habilidades para buen uso en preparación para sus necesidades presentes y futuras.

Podemos aprender de las hormigas y comprender que la fortaleza y resistencia espiritual son esenciales para nosotros en estos tiempos.

> *No os ha sobrevenido ninguna tentación que no sea humana; pero fiel es Dios, que no os dejará ser tentado más de lo que podéis resistir, sino que dará también juntamente con la tentación la salida, para que podáis soportar.* (1 Corintios 10:13)

> *Tú, pues, sufre penalidades como buen soldado de Jesucristo. Ninguno que milita se enreda en los negocios de la vida, a fin de agradar a aquel que lo tomó por soldado.* (2 Timoteo 2:3–4)

Un símbolo de la sanidad par a las naciones

Cuando Dios libertó a los israelitas de Egipto, su plan para ellos incluía la buena salud. Ellos fueron un símbolo del último plan de Dios para la sanidad de las naciones. *"Adora al SEÑOR tu Dios, y él bendecirá tu pan y tu agua. Yo apartaré de ustedes toda enfermedad. En tu país ninguna mujer abortará ni será estéril. ¡Yo te concederé larga vida!"* (Éxodo 23:25–26, NVI). Mientras los israelitas deambulaban en el desierto por cuarenta años, sus cuerpos sufrieron la intensidad de los rayos del sol del desierto que golpeaba sobre sus espaldas. Sus vestidos y sus sandalias no se rompieron, y sus pies no se ampollaron. (Véase Deuteronomio 28:1–13). Entre tanto que obedecieron a Dios permanecieron con buena salud.

Dios declaró bendiciones por obediencia a su Palabra. Estas bendiciones son relevantes a nuestra vida hoy.

En Deuteronomio 28:1–13, Dios declare las bendiciones que los israelitas recibirían por la obediencia a su Palabra mientras vivieran en la Tierra de Prometida. Estas bendiciones eran relevantes para nuestras vidas hoy como hijos de Dios. Cuando usted se levanta cada mañana, personalícelas hablándolas sobre usted mismo. Póngalas en el contexto de su vida. Por ejemplo, la "canasta" y la "artesa de amasar" que se refieren a la provisión de Dios de alimentos.

- "Bendito serás tú en la ciudad, y bandito tú en el campo". (Véase versículo 3).
- "Bendito será el fruto de mi cuerpo, el producto de mi tierra y el aumento de mis rebaños". (Véase versículo 4).

- "Bendita será mi canasta y mi artesa de amasar". (Véase versículo 5).
- "Bendito seré en mi entrar y cuando salga". (Véase versículo 6).
- "El Señor hará que mis enemigos sean derrotados ante mí cuando se levanten contra mí, ellos vendrán por un camino y por siete saldrán derrotados". (Véase versículo 7).
- "El Señor mandará ls bendiciones sobre mis graneros y en todo donde yo ponga mis manos, y Él me bendecirá en la tierra que el Señor mi Dios me ha dado". (Véase versículo 8).
- "El Señor me establecerá como santo (hombre/mujer) para sí mismo, así como Él me lo ha jurado, si guardo los mandamientos del Señor mi Dios y camino en sus caminos. Entonces todos los pueblos de la tierra verán que yo soy llamado por el nombre del Señor, y ellos me temerán". (Véase versículos 9–10).
- "Y el Señor me concederá cantidad de bienes, en el fruto de mi cuerpo, en el aumento de mis ganados, y en el producto de mi tierra, en la tierra que el Señor juró se la daría a mis padres para dármelas a mí". (Véase versículo 11).
- "El Señor abrirá su buen tesoro, el cielo, para enviar la lluvia a mi tierra en sus estaciones, y bendecirá toda la obra de mis manos". (Véase versículo 12).
- "Dejaré a muchas naciones, pero yo no pediré prestado". (Véase versículo 12).
- "Y el Señor me hará cabeza y no cola. Estaré encima solamente y no debajo, si pongo atención a los

mandamientos del Señor mi Dios y soy cuidadoso en obedecerlos". (Véase versículo 13).

Así como Dios quiso bendecir a los israelitas en cada paso posible, Él quiere bendecirlo a usted a usted hoy. Él quiere bendecirlo con salud, darle paz de mente y prosperarlo abundantemente.

La comisión de Dios y la sanidad

Los planes de Dios para la sanidad de las naciones es el resultado de su compasión.

> *Porque de tal manera amó Dios al mundo, que ha dado a su Hijo unigénito, para que todo aquel que en Él cree, no se pierda, más tenga vida eterna. Porque no envió Dios a su Hijo al mundo para condenar al mundo, sino para que el mundo sea salvo por Él.*
> (Juan 3:16–17)

Jesús no solo habló de sanidad, Él fue a hacer los negocios de su Padre en la plenitud de su propósito.

> *Y deteniéndose Jesús, los llamó* [a los dos hombres], *y les dijo: ¿Qué qué queréis que os haga? Ellos le dijeron: Señor, que sean abiertos nuestros ojos. Entonces Jesús, compadecido, les tocó los ojos, y en seguida recibieron la vista; y le siguieron.* (Mateo 20:32–34)

> *Y cuando llegó la noche, trajeron a Él muchos endemoniados; y con la palabra echo fuera a los demonios, y sanó a todos los enfermos; para que se cumpliese lo dicho por el profeta Isaías, cuando dijo: Él mismo tomó nuestras enfermedades, y llevó nuestras dolencias.* (Mateo 8:16–17)

Ya no tenemos que llevar las cargas que Jesús ya quitó de nosotros. Eso es por lo que de vital importancia repetir la Palabra de Dios hasta que llegue a ser una realidad para usted en vez de simples palabras. Muchos en el cuerpo de Cristo tienen que llegar a ser hábiles en las Escrituras—la única Palabra que le da el poder para vencer las enfermedades y dolencias.

Dios es a menudo descrito injustamente como un dictador o alguien que está sentado por allí esperando que la gente peque para poderlos golpear. Esta descripción es contraria a su Palabra y naturaleza. *"Más tú, Señor, Dios misericordioso y clemente, lento para la ira, y grande en misericordia y verdad"* (Salmo 86:15). *"Alabado sea el Dios y Padre de nuestro Señor Jesucristo, Padre misericordioso y Dios de toda consolación, quien nos consuela en todas nuestras tribulaciones para que con el mismo consuelo que de Dios hemos recibido, también nosotros podamos consolar a todos los que sufren"* (2 Corintios 1:3–4, NVI).

Sea sanado, sea libre, sea libertado en el nombre de Jesús.

Jesús era y todavía es un Dios de compasión. Por todos los evangelios, vemos a la gente trajo los apuros de sus seres queridos enfermos a Jesús, y Él los sanó. (Véase, por ejemplo, Marcos 5:22–24, 35–43). Él es el mismo Dios hoy que fue en los tiempos bíblicos. *"Jesucristo es el mismo ayer, y hoy, y por los siglos"* (Hebreos 13:8). Traiga sus enfermedades a Jesús y deje que la Palabra que Él habla sobre su situación para manifestar su sanidad en lo natural. Sea sanado, sea libre, sea libertado en el nombre de Jesús.

Finalmente, recuerde la palabra que Dios habló al rey Salomón:

> *Si yo cerrara los cielos para que no haya lluvia, y si mandare a la langosta que consuma la tierra, o si enviare pestilencias a mi pueblo; si se humillare mi pueblo, sobre el cual mi nombre es invocado, y oraren, y buscaren mi rostro, y se y se convirtieren de sus malos caminos; entonces yo oiré desde los cielos, y perdonaré sus pecados, y sanaré su tierra.* (2 Crónicas 7:13–14)

Confiando en el amor y compasión de Dios, y manteniendo una actitud humilde, orando con sinceridad, buscando a Dios y su voluntad, y practicando el verdadero arrepentimiento que guíe al perdón y la sanidad.

Epílogo

No me elegisteis vosotros a mí sino que yo os elegí a vosotros, y os he puesto para que vayáis y llevéis fruto, y vuestro fruto permanezca; para que todo lo que pidiereis al Padre en mi nombre, Él os lo dé.
—Juan 15:16

La vida tiene una manera de entrar en nosotros y entregarnos noticias inesperadas que nosotros estamos mal equipados para manejarlas—o así lo parece. Algunas veces, las noticias pueden ser tan devastadoras que oramos: "¿Señor, sabías de esto, y si lo sabías, por qué permitiste que pasara a mí?" Nos encontramos cuestionando a Dios, como Job lo hizo cuando la pareció como si él perecería junto con sus hijos. La verdad es que nosotros siempre recibimos una clara respuesta de Dios acerca de los "porqués". Sin embargo, una cosa permanece cierta: Dios está continuamente ocupado con responder a nuestras necesidades. "*Por eso el Señor los espera, para tenerles piedad; por eso se levanta para mostrarles compasión. Porque el Señor es un Dios de justicia. ¡Dichosos todos los que en Él esperan!*" (Isaías 30:18, NVI).

Dios es capaz de libertar

Dios está ardientemente interesado en su bienestar. No se rinda en Él y no se rinda en su sanidad. No siempre puede como eso, pero Dios siempre está con nosotros, haciendo funcionar sus planes para nuestras vidas. Algunas veces, es la prueba por la atravesamos las que nos empujan a los propósitos dados por Dios.

Dios siempre está con nosotros, haciendo funcionar sus planes para nuestras vidas.

Este proceso puede parecer tan inconveniente comparado con el proceso normal de la vida que hay veces cuando, si no perseveramos en Dios, podríamos alegremente caminar en nuestros destinos por un momento de alivio. Si Dios nos ha permitido llegar a la cumbre en el proceso por medio del cual Él nos tomará para alcanzar sus propósitos, entonces podríamos contestarle con: "Gracias, pero no, gracias". Por eso es por lo que la vida se nos revela en aumentos. Raramente Dios nos muestra el cuadro complete todo a la vez. Él revela su voluntad en fases, y, por fe, avanzamos y recibimos sus bendiciones. Algunas veces, parecen venir fácilmente, pero otras veces, no las recibiremos sin luchar. *"El reino de los cielos sufre violencia, y los violentos lo arrebatan"* (Mateo 11:12).

Hay veces cuando todos hemos sentido como si Dios se ha olvidado de nosotros, especialmente en lo grueso de la batalla. Sin embargo, los caminos de Dios no son nuestros caminos, y Él ya ha contestado a cada pregunta que pudiéramos haber tenido desde antes la fundación de la tierra. De igual manera, Él ya ha provisto para nuestras sanidades. Sin embargo, el enemigo desea descarrilarnos, convenciéndonos de que Dios ha olvidado todo acerca de nosotros y que Él ya no cuida de nuestras situaciones. Aunque ello puede parecer como una difícil tarea continuar creyendo en Dios en medio de su crisis, se debe creer. Rendirnos nunca es una opción.

Cuando el rey Nabucodonosor de Babilonia acosaba a Sadrac, Mesac y Abednego porque se rehusaban inclinarse ante su imagen, parecía como si la vida para ellos ya se les había terminado. Sin embargo, aun cuando ellos caminaban hacia su muerte, ellos rehusaron inclinarse. En vez de eso, ellos respondieron:

> *He aquí nuestro Dios a quien servimos puede librarnos del horno de fuego ardiendo; y de tu mano, oh rey, nos librará. Y si no, sepas, oh rey, que no serviremos a tus dioses, ni tampoco adoraremos la estatua que has levantado.* (Daniel 3:17–18)

Nos debemos hacer eco de esta respuesta cuando el diablo viene para tentarnos. No debemos inclinarnos ante las astucias del diablo. En vez de eso, debemos continuar creyendo en Dios y decírselo al diablo: "¡El Dios a quien servimos puede librarnos!"

No fue sino hasta que Sadrac, Mesac y Abednego fueron lanzados al ardiente horno fueron liberados. (Véase los versículos 23–27). ¡Hable del milagro de último minuto! Nada es imposible con Dios. Cuando el diablo se le acerque y le susurre que Dios ya se preocupa y que ya se olvidó de sus necesidades, luche con la Palabra de Dios. No es que Dios lo haya olvidado a usted, sino que el diablo ha intensificado sus ataques contra usted.

Lo negativo tiene una tendencia a abrumarnos en el momento exacto cuando necesitamos más de Dios. El diablo sabe que si nosotros nos cedemos a Dios y continuamos luchando contra sus tretas, saldremos victoriosos. Por tanto, a menudo pareciera que justo cuando Dios está por bendecirnos con un milagro que necesitamos, el diablo aumenta sus ataques. La parte triste es que muchas personas se rinden justo a punto de recibir el milagro que desesperadamente necesitaban. Nuestra oración es que usted ponga atención al consejo de Santiago 4:7–8: *"Someteos, pues, a Dios; resistid al Diablo, y huirá de vosotros. Acercaos a Dios, y Él se acercará a vosotros"*. Algunas veces, Dios nos permite pasar en medio del fuego antes que Él nos libere, sin embargo, ¡eso no significa que sea demasiado tarde!

La realidad, el poder, y la necesidad de sanidad

Dios quiere elevarnos muy alto en Él y en sus propósitos para nosotros.

Dios quiere elevarnos muy alto en Él y en sus propósitos para nosotros. Si queremos traer de vuelta la sanidad a nuestras iglesias y como testimonio al mundo, tenemos que empezar como individuos a creer que Dios tiene el poder para sanar. Si queremos ganar al perdido y sanar al enfermo, debemos orar diligentemente y con perseverancia. A medida que usted cree y camina en la Palabra del Señor, entonces el poder del Espíritu de Dios, como se describe en Isaías 61, comenzará a manifestarse en su vida:

> *El Espíritu de Jehová el Señor está sobre mí, porque me ungió Jehová; me ha enviado a predicar buenas nuevas a los abatidos, a vendar a los quebrantados de corazón, a publicar libertad a los cautivos, y a los presos apertura de la cárcel, a proclamar el año de la buena*

> *voluntad de Jehová, y el día de venganza del Dios nuestro; a consolar a todos los enlutados, a ordenar que a los afligidos de Sión se les dé gloria en lugar de ceniza, óleo de gozo en lugar de luto, manto de alegría en lugar del espíritu angustiado; y serán llamados árboles de justicia, plantío de Jehová, para gloria suya.*
>
> (Isaías 61:1–3)

Mire lo que Dios nos da y a aquellos a quienes ministramos por medio de su amoroso Espíritu:

- Gloria en lugar de ceniza.
- El óleo de gozo en lugar de luto.
- Manto de alegría en lugar de espíritu angustiado.

"De modo que si alguno está en Cristo, nueva criatura es; las cosas viejas pasaron; he aquí todas son hechas nuevas. Y todo esto proviene de Dios, quien nos reconcilió consigo mismo por Cristo, y nos dio el ministerio de la reconciliación" (2 Corintios 5:17–18). Cualquier situación por las que esté atravesando y está cubierto por la sangre del Cordero. Dios no dejó nada, porque Él está interesado en cualquier cosa que se relaciones con usted. ¡Aleluya!

Entréguele a Dios los obstáculos de su mente y las cosas que le entristecen su vida, para que Él pueda reemplazar sus pensamientos tormentosos con paz y tranquilidad. Entréguele a Él sus dolores y enfermedades, para que Él pueda traerle sanidad. Reciba su poder para ministrar esa misma paz y sanidad a otros de los padecimientos de la vida que el diablo envía para destruirlos. Recuerde que todo por lo que atraviese en la vida es una oportunidad de glorificar a Dios: *"y serán* [ustedes] *llamados árboles de justicia, plantío de Jehová, para gloria suya"* (Isaías 61:3).

La Palabra del Señor en Isaías también nos da otra analogía. Lo compara como una novia y un novio que toma gran cuidado de su apariencia de cómo el Señor viste a los que se han comprometido con Él:

> *En gran manera me gozaré en Jehová, mi alma se alegrará en mi Dios; porque me vistió con vestiduras de salvación, me rodeo de manto de justicia, como a novio me atavió, y como a novia adornada con sus joyas.*
>
> (Isaías 61:10)

Él viste con vestiduras de salvación.

Él cubre con manto de justicia.

Una vez que usted es "adornado" por Dios, el mundo puede ver su gloria revelada en usted. Muchos vendrán a usted buscando oración y sanidad, y debe estar preparado porque dejará que las Escrituras y el Espíritu de Dios lo guíen.

Los creyentes primitivos tenían un tipo de fe que los habilitaba para creer en sanidades y otras obras milagrosas—aun de la muerte podrán ser levantados.

> *Porque de cierto os digo que cualquiera que dijere a este monte: Quítate y échate en el mar, y no dudare en su corazón, sino creyere que será hecho, lo que diga le será hecho. Por tanto, os digo que todo lo que pidiereis orando, creed que lo recibiréis, y os vendrá.*
>
> (Marcos 11:23–24)

¿Quien sino Dios podría restablecer células cerebrales dañadas, hacer que las enfermedades se callen inmediatamente, que cesen las adicciones, y así sucesivamente? No hay enfermedad que usted pueda imaginarse que Dios no tenga la cura.

Repito, una gran afluencia de gente vendrán a la iglesia buscando conocer más del Sanador que nosotros confesamos. Debemos prepararnos ahora para recibir a los que Dios está por enviarnos para sanidad. Ya no podemos seguir supliendo a las personas con respuestas suavizadas, las cuales hacen que se alejen en desacuerdo. Profundice en la Palabra de Dios, fortalezca su fe, *"ore en el espíritu, y...con el entendimiento"* (1 Corintios 14:15) y Él enviará por su camino a quienes usted debe ministrar sanidad. Cuando usted no sepa como orar, el Espíritu orará por usted:

> *Y de igual manera el Espíritu nos ayuda en nuestra debilidad; pues qué hemos de pedir como conviene, no lo sabemos, pero el Espíritu mismo intercede por nosotros con gemidos indecibles.* (Romanos 8:26)

La iglesia primitiva entendió la realidad, el poder y la necesidad de sanidad sobrenatural. Es ahora obligatorio que la iglesia del siglo veintiuno lleve hacia delante esta antorcha y dejémosla como herencia a nuestros hijos.

Su declaración de fe para recibir sanidad

Dios ya ha enviado su Palabra para sanarme. Confieso hoy que Él es mi Sanador y que estás sanando mi enfermedad ahora mismo. Estoy viviendo para su Espíritu y dejo que su Espíritu tome mi ser completo. Jesús es el Señor, mi Médico. Su Palabra es vida para mí y salud para mi carne. En el nombre de Jesús, echo fuera toda enfermedad que me esté debilitando espiritualmente, mentalmente, emocionalmente y físicamente. Este es un nuevo día—un día de salud, paz de mente y abundancia. Nada puede separarme del amor de Dios o de su divina voluntad y propósitos para mi vida. Recibo el milagro que Dios ha preordinado para mí. Señor, te agradezco por retirar la enfermedad de mí y por no dejar que enfermedad alguna quede en mi cuerpo. Gracias a ti por la completa y total sanidad. En el nombre de Jesús, amen.

(Para las Escrituras referidas en esta declaración, véase Salmo 107:19; Proverbios 4:22 y Romanos 8:35–39).

Citas bíblicas para recibir sanidad

Yo soy Jehová tu Sanador. (Exodo 15:26)

Bienaventurado el varón que no anduvo en consejo de malos, ni estuvo en camino de pecadores, ni silla de escarnecedores se ha sentado; sino que en la ley de Jehová está su delicia, y en su ley medita de día y de noche. Será como árbol plantado junto a corrientes de aguas, que da su fruto en su tiempo, y su hoja no cae; y todo lo que hace prosperará. (Salmo 1:1–3)

Pero clamaron a Jehová en su angustia, y los libró de sus aflicciones. Envió su palabra, y los sanó, y los libró de su ruina. Alaben la misericordia de Jehová, y sus maravillas para con los hijos de los hombres. (Salmo 107:19–21)

Jehová Dios mío, a ti clamé, y me sanaste. Oh Jehová, hiciste subir mi alma del Seol; me diste vida, para que no descendiese a la sepultura. (Salmo 30:2–3)

Hijo mío, está atento a mis palabras; inclina tu oído a mis rezones. No se aparten de tus ojos; guárdalas en medio de tu corazón. Porque son vida a los que las hallan, y medicina a todo su cuerpo.
(Proverbios 4:20–22)

¿No es más bien el ayuno que yo escogí, desatar las ligaduras de impiedad, soltar las cargas de opresión, y dejar ir libres a los quebrantados, y que rompáis todo yugo? ¿No es que partas tu pan con el hambriento, y a los pobres errantes albergues en casa; que cuando veas al desnudo, lo cubras, y no te escondas de tu hermano? Entonces nacerá tu luz como el alba, y tu salvación se dejará ver pronto; e irá tu justicia delante de ti, y la gloria de Jehová será tu retaguardia. Entonces invocarás, y te oirá Jehová; clamarás, y dirá Él: Heme aquí.
(Isaías 58:6–9)

Mas yo haré venir sanidad para ti, y sanaré tus heridas, dice Jehová. (Jeremías 30:17)

He aquí que yo les traeré sanidad y medicina; y los curaré, y les revelaré abundancia de paz y de verdad.
(Jeremías 33:6)

Y yendo, predicad, diciendo: El reino de los cielos se ha acercado. Sanad enfermos, limpiad leprosos, resucitad muertos, echad fuera demonios; de gracia recibisteis, dad de gracia. (Mateo 10:7–8)

El Espíritu del Señor está sobre mí. Por cuanto me ha ungido para dar buenas nuevas a los pobres; me

ha enviado a sanar a los quebrantados de corazón; a pregonar libertad a los cautivos, y vista a los ciegos; a poner en libertad a los oprimidos. (Lucas 4:18)

Y toda la gente procuraba tocarle, porque poder salía de Él y sanaba a todos. (Lucas 6:19)

De cierto, de cierto os digo: El que en mí cree, las obras que yo hago, él las hará también; y aun mayores hará, porque yo voy al Padre. Y todo lo que pidieres al Padre en mi nombre, lo haré, para que el Padre sea glorificado en el Hijo. Si algo pidiereis en mi nombre yo lo haré. (Juan 14:12–14)

Confesaos vuestras ofensas unos a otros, y orad unos por otros, para que seáis sanados. La oración eficaz del justo puede mucho. (Santiago 5:16)

Quien llevó Él mismo nuestros pecados en su cuerpo sobre el madero, para que nosotros, estando muertos a los pecados, vivamos a la justicia; y por cuya herida fuisteis sanados. (1 Pedro 2:24)

Amado, yo deseo que tú seas prosperado en todas las cosas, y que tengas salud, así como prospera tu alma. (3 Juan 1:2)

ACERCA DE LOS AUTORES

Mary K. Baxter

Mary K. Baxter nació en Chattanooga, Tennessee. Cuando ella era una niña, su madre le enseñó acerca de Jesucristo y su salvación. Aunque ella sintió el llamado de Dios en ese tiempo, ella realmente nació de nuevo cuando llegó a ser joven y Dios se le reveló a sí mismo como Salvador, al mismo tiempo que Él milagrosamente le sanó su niño recién nacido.

En 1976, mientras Mary estaba viviendo en Belleville, Michigan, Jesús se le apareció en forma humana, en sueños, en visiones y revelaciones. Durante estas visitas, Él le reveló a ella la profundidad, grados, niveles y tormentos de las almas perdidas en el infierno, diciéndole que este mensaje es para el mundo entero. Desde ese tiempo, ella ha recibido muchas visitas del Señor. En la sabiduría de Dios, da equilibrio a su mensaje, ella también ha recibido muchas visiones, sueños y revelaciones del cielo, ángeles y del fin de los tiempos.

En las giras de Mary al infierno, ella anduvo con Jesús y habló con mucha gente. Jesús le mostró lo que pasa con las almas no arrepentidas cuando mueren y que pasa a los siervos de Dios cuando permanecen obedientes a su llamado, regresan a la vida de pecado y se niegan a arrepentirse.

Mary fue ordenada como ministro en una iglesia del Full Gospel, en Taylor, Michigan, en 1983, y recientemente recibió un título de Doctorado en Ministerios, del Faith Bible College [*Colegio evangelista de fe*], Independence, Missouri. Ministros, líderes y santos del Señor alrededor del mundo hablan muy en alto de ella y su ministerio. El movimiento del Espíritu Santo enfatizado en todos sus servicios, y muchos milagros, han ocurrido en ellos. Los dones del Espíritu Santo con demostraciones de poder y sanidad en sus reuniones como el Espíritu de Dios la dirige y la faculta para ello.

Mary, es madre y abuela, ama al Señor con todo lo que ella tiene—todo su corazón, mente, alma y fuerza. Ella realmente es una dedicada sirvienta del Señor Mary, y ella desea por sobre todo, ser una ganadora de almas para Jesucristo. Desde las oficinas generales de Divine Revelation, Inc., su base del ministerio en Florida, esta evangelista ungida continua viajando por el mundo, hablando en conferencias, seminarios y otras reuniones y contando su historia del cielo y del infierno y sus visitas reveladores del Señor.

Para compromisos, favor contactar:
Mary K. Baxter
Divine Revelation, Inc.
P.O. Box 121524
West Melbourne, FL 32912-1524
E-mail: marybaxter@live.com
www.mbaxterdivinerevelation.org
321.327.2374

George G. Bloomer

El obispo George G. Bloomer es fundador y pastor principal del ministerio multicultural Bethel Family Worship Center en la ciudad de Durham en Carolina del Norte, y la iglesia The Life Church en Goldsboro Carolina del Norte. Él puede ser visto semanalmente en su programa de televisión a nivel nacional, llamado *Spiritual Authority* [*Autoridad espiritual*].

Nativo de Brooklyn, Nueva York, Bloomer tuvo que vencer muchas dificultades personales, incluyendo el medio ambiente destructivo de pobreza y de drogas, y ahora, él usa todas estas experiencias como valiosas herramientas para poder impartirle a otros las habilidades necesarias, y que puedan tener éxito, más allá de sus aparentes limitaciones. Él viaja extensamente como conferencista, y conduce muchos seminarios que tratan con los temas de las relaciones personales, finanzas, control de la tensión nerviosa y estrés, y la guerra espiritual.

Bloomer es el autor de un gran número de libros, incluyendo entre otros, *Looking for Love* [*En busca del amor*], *More of Him* [*Más de Él*], *Authority Abusers* [*Abusando de la autoridad*], y el libro superventas nacional, *Witchcraft in the Pews* [*Brujería en los bancos de la iglesia*]. Él ha colaborado previamente con Mary K. Baxter en los libros *Una Revelación Divina de la Liberación* y *Una Revelación Divina de la Oración*, cuál fue publicado primero en inglés (*A Divine Revelation of Deliverance* y *A Divine Revelation of Prayer*).

Él ha participado como invitado en varios programas de televisión, de radio, y en proyectos de medios de comunicación a nivel nacional, incluyendo, el programa del canal CNN *Faces of Faith* [*Rostros de fe*], la cadena de televisión Trinity Broadcasting Network, en su programa *The Harvest Show* [*La cosecha*] (LeSEA Broadcasting), y el programa *The 700 Club* [*El club de los 700*] (Christian Broadcasting Network).

El obispo Bloomer fue galardonado con un título honorífico de Doctor en Divinidades de la Christian Outreach Bible Institute. Vive en Durham con su esposa y dos hijas.